CONTES

ET

LÉGENDES EN ACTION

ŒUVRES DRAMATIQUES DE JULES ADENIS

L'Abime de Trayas, drame en cinq actes.
Une Bonne pour tout faire, opérette en un acte.
La Bouquetière de Trianon, opéra-comique en deux actes.
La Contessina, opéra-ballet en trois actes.
Une Crise de ménage, comédie en un acte.
La Czarine, drame en cinq actes.
Les Deux Chasseurs et la Laitière, opéra-comique en un acte.
Le Docteur Tam-tam, opérette en un acte.
La Fée des bruyères, opéra-comique en trois actes.
Feu le capitaine Octave, comédie en un acte.
La Fiancée d'Abydos, opéra en quatre actes.
La Grand'tante, opéra-comique en un acte.
La Jolie Fille de Perth, opéra en quatre actes.
Juge et partie, opéra comique en deux actes.
Libre échange ! vaudeville en un acte.
Madame Pygmalion, opérette en un acte.
Ne touchez pas a la hache, comédie en un acte.
Une Nuit orageuse, comédie en deux actes.
L'Officier de fortune, drame en cinq actes.
O le meilleur des pères ! vaudeville en un acte.
Philanthropie et Repentir, vaudeville en un acte.
Le Portrait, opéra-comique en deux actes.
Un Postillon en gage, opérette en un acte.
Si Pontoise le savait ! vaudeville en un acte.
Le Sorcier, opéra-comique en un acte.
Sylvie, opéra-comique en un acte.
Les Templiers, opéra en cinq actes.
Toute seule, comédie en un acte.
Les Trois Souhaits, opéra-comique en un acte.
Le Trompette de Chamboran, opéra-comique en un acte.
Trop beau pour rien faire, comédie en un acte.
Valse et Menuet, opéra-comique en un acte.

LE THÉATRE CHEZ SOI

CONTES

ET

LÉGENDES EN ACTION

CHARADES EN TROIS PARTIES

PAR

JULES ADENIS

PARIS
A. HENNUYER, IMPRIMEUR-ÉDITEUR
47, RUE LAFFITTE, 47

1889

AVANT-PROPOS

Les pièces de théâtre, jouées par des amateurs, dans les salons, n'ont jamais été plus en vogue qu'aujourd'hui.

Dès qu'un hôtel, un château, ou même un casino possèdent une *porte principale au fond*, et *deux portes latérales*, la comédie s'y installe pour y régner en maîtresse souveraine.

Cependant, on aurait tort de croire qu'il soit facile de jouer entre deux paravents, car il ne suffit pas que *les artistes* s'amusent entre eux, il faut, pour que le but soit atteint, que le public, lui aussi, prenne plaisir à la représentation qui lui est offerte. Le plaisir doit être égal, de part et d'autre.

En outre, dans un salon, l'action se déroule, en quelque sorte, sous les yeux du public, et comme les jeunes filles sont généralement admises à faire partie de ce public, la condition première, la condition essentielle est de représenter des œuvres que des oreilles innocentes puissent entendre.

Certes, les œuvres de bon goût ne manquent pas. Au premier rang viennent se placer quelques proverbes d'Alfred de Musset, des comédies d'Octave Feuillet et certaines pièces de Labiche. Tout cela est charmant sans doute. Mais, depuis trente ans au moins que ce même répertoire défraye tous les théâtres de société, son interprétation en est devenue bien banale, bien monotone. Sans compter qu'en interprétant des pièces déjà vues et revues dans les théâtres patentés, les amateurs courent le danger de la comparaison qui ne peut être à leur avantage. Espèrent-ils donc mieux *détailler* des rôles que les artistes de profession qui les ont créés ? Cette douce illusion ne peut que les conduire à un insuccès certain.

Dans ces conditions, pourquoi les salons ne joueraient-ils pas des comédies originales ?

Mais, à ce sujet, il se présente, ici, une grave question :

Les jeunes filles peuvent-elles prendre part à ce divertissement artistique ? Peuvent-elles jouer un rôle dans les comédies de salon ?

Nous n'hésitons pas à répondre affirmativement, et à la seule condition que nous énoncions plus haut, c'est-à-dire que les œuvres représentées puissent être entendues par les oreilles les plus délicates. Certes, il est très difficile d'écrire des pièces intéressantes et gaies, qui puissent être interprétées par des jeunes filles et par des jeunes gens, tout en restant, comme intrigue et comme dialogue, dans les plus scrupuleuses limites de la convenance et du bon goût. Mais ce n'est pas une tâche impossible, et nous croyons en apporter aujourd'hui la preuve en publiant *les Contes et Légendes en action* de M. Jules Adenis, dont la réputation est une garantie de succès.

Depuis deux siècles, et de générations en générations, les contes de Perrault ont été l'innocente et grande joie de la jeunesse ; la légende populaire de l'infortunée Geneviève de Brabant ; les pérégrinations lamentables de la mère Michel à la recherche de son chat, appellent encore le rire sur les lèvres roses de la jeunesse d'aujourd'hui.

Ce sont ces contes et ces légendes que M. Jules Adenis, sous forme de charades, a mis à la scène à notre intention, et nous sommes certains que, pour les interprètes et le public, le plaisir, cette fois, sera égal des deux côtés.

Nous croyons donc avoir atteint le but que nous nous étions proposé, et nous espérons que le succès répondra aux soins que nous avons apportés à cette publication.

L'ÉDITEUR.

MARIONNETTE

CHARADE EN TROIS PARTIES

PREMIÈRE PARTIE

BARBE-BLEUE

DEUXIÈME PARTIE

LA PIE VOLEUSE

TROISIÈME PARTIE

GENEVIÈVE DE BRABANT

PREMIÈRE PARTIE

BARBE-BLEUE

PERSONNAGES

LE SIRE DE LA BARBE-BLEUE.
Mme BARBE-BLEUE.
ANNE, sœur de Mme Barbe-Bleue.
LANCELOT } frères de Mme Barbe-Bleue.
LA HIRE }

La salle d'un château; porte principale au fond, une petite porte à gauche, fenêtre au fond, à droite; ameublement riche.

SCÈNE PREMIÈRE.

ANNE, MADAME BARBE-BLEUE, entrant par le fond.

MADAME BARBE-BLEUE.

Que je suis heureuse, ma chère sœur, que tu aies accepté mon invitation, et que tu viennes passer quelques jours avec moi.

ANNE.

Depuis un mois que tu es mariée au noble sire de la Barbe-Bleue, c'était mon plus vif désir. J'avais hâte de savoir si la riche alliance que tu viens de contracter a tenu tout le bonheur qu'elle promettait.

MADAME BARBE-BLEUE.

Les quinze premiers jours, c'était superbe ; ce n'était

que danses et festins ! Mais, depuis que les gens de la noce sont partis... calme plat, tête-à-tête perpétuel ! Et je commence à trouver la Barbe-Bleue du sire de Barbe-Bleue joliment bleue !

ANNE.

Mais son caractère ?

MADAME BARBE-BLEUE.

Je le crois... bleu, comme sa barbe, c'est-à-dire assez sournois. Et puis, on dit tout bas... ce sont des cancans sans doute, car il y a de mauvaises langues partout, même à Ault [1].

ANNE, se récriant.

A Ault ? c'est bien invraisemblable !

MADAME BARBE-BLEUE.

Enfin, on dit tout bas qu'il a déjà épousé plusieurs femmes, et qu'on ne sait pas ce qu'elles sont devenues. Mais assez sur ce sujet, tu arrives pour rompre le tête-à-tête, et c'est l'essentiel.

ANNE.

Je n'arrive pas seule. Nos deux frères, Lancelot et Lahire, sont en route pour venir, ici, passer une quinzaine de jours avec nous.

MADAME BARBE-BLEUE.

Ah ! quel bonheur ! Ces deux vaillants chevaliers ! Mais pourquoi ne t'ont-ils pas accompagnée ?

ANNE.

Ils se sont arrêtés à *Escarbotin* [2], pour donner l'ac-

[1] Mettre le nom de la localité où se jouera la charade.
[2] Remplacer, à volonté, ce nom par celui d'un château voisin.

colade aux quatre fils Aymon, leurs compagnons d'armes, qui habitent ce château. Ils arriveront, ce soir, sans doute, montés sur leurs nobles coursiers. Ah ! ce sont deux vigoureux quadrupèdes ! Et pour franchir les deux lieues qui nous séparent d'Escarbotin, ils ne mettront pas plus de trois heures et demie.

MADAME BARBE-BLEUE.

Ils seront les bienvenus et les bien accueillis.

ANNE, regardant autour d'elle.

Mais que ce palais est splendide! Je ne puis me lasser d'admirer toutes ces dorures, la beauté de ces tapisseries ! Ah ! que tu es heureuse d'avoir de pareilles richesses, car le sire de Barbe-Bleue...

MADAME BARBE-BLEUE, l'interrompant.

Silence ! Le voici.

SCÈNE II.

MADAME BARBE-BLEUE, LE SIRE DE BARBE-BLEUE, ANNE.

BARBE-BLEUE, entrant et s'arrêtant.

Eh mais, noble dame, vous n'êtes pas seule ?

MADAME BARBE-BLEUE.

Permettez-moi, ô mon seigneur et maître, de vous présenter Mlle Anne-Isoline-Pulchérie-Marie-Antoinette de Prétintaille, ma sœur, qui veut bien venir passer la saison des bains en notre castel.

BARBE-BLEUE.

Vous ne pouviez m'apporter, madame, une nouvelle

plus agréable, d'autant plus agréable que je suis obligé de faire un petit voyage pour affaire de conséquence, et, en mon absence, votre sœur vous tiendra compagnie.

ANNE.

Pour affaire de conséquence ?

BARBE-BLEUE, saluant.

Oui, noble damoiselle. Mon marchand de vin me vole indignement. J'ai envoyé au laboratoire municipal un échantillon de la dernière pièce de Saint-Émilion qu'il m'a livrée, et voici le résultat de l'analyse : 25 pour 100 de raisins secs ; 25 pour 100 de jus de réglisse ; 20 pour 100 de poires tapées et 30 pour 100 de décoction de rhubarbe ! Conclusion : nuisible et purgatif ! Ça ne peut pas durer comme ça ! J'ai résolu alors de prendre un billet d'aller et retour, pour me rendre à la fabrique de Bercy. Là, je dégusterai moi-même, et palsambleu ! Je suis sûr de mon affaire.

MADAME BARBE-BLEUE.

Mais, alors, pourquoi ne m'emmenez-vous pas ?

BARBE-BLEUE, noblement.

Un homme déguste, une femme ne déguste pas !

ANNE.

C'est vrai. Moi, je n'ai jamais dégusté.

BARBE-BLEUE, à sa femme.

Mais j'entends que vous vous divertissiez en mon absence, et pour que vous fassiez comme chez vous, voici mon trousseau de clefs. Allez partout, ouvrez tout! Mais, quant à cette petite clef, c'est celle d'un cabinet situé au bout de cette galerie. Je vous défends d'y entrer, et je vous le défends de telle sorte que, s'il vous arrive de l'ouvrir... Tudieu, corbleu, ventrebleu, il n'y a rien que vous ne deviez attendre de ma colère !

MADAME BARBE-BLEUE.

Calmez-vous, noble seigneur, la curiosité et la famille des Prétintaille, ça fait deux... comme on dit dans la roture.

BARBE-BLEUE.

Je me calme et je vais prendre la correspondance pour aller à la gare. A bientôt, ma bichette. (Il l'embrasse et sort.)

MADAME BARBE-BLEUE, à la cantonade.

N'oubliez pas votre parapluie, je crois qu'il pleuvra ce soir.

SCÈNE III.

SOEUR ANNE, MADAME BARBE-BLEUE.

MADAME BARBE-BLEUE.

Il est parti.

ANNE.

Eh bien, ma sœur ?

MADAME BARBE-BLEUE.

Eh bien ! si tu crois que je vais me gêner pour aller voir ce que renferme son mystérieux cabinet. J'en grille d'envie, au contraire.

ANNE, vivement.

Mais sa défense ?

MADAME BARBE-BLEUE, vivement.

Je m'en moque.

ANNE, vivement.

Ses menaces ?

MADAME BARBE-BLEUE, vivement.

Je les brave !

ANNE.

Ainsi tu oseras...

MADAME BARBE-BLEUE, l'interrompant.

Tu vas voir si je ne vais pas aller voir. (Elle sort rapidement par la gauche.)

SCÈNE IV.

ANNE, seule.

A-t-elle un aplomb ! Ce n'est pas moi, faible créature, qui aurais un aplomb pareil. C'est le cas de le dire : « J'aurais une peur bleue. » Après ça, il suffit que son mari lui ait défendu d'y aller, pour qu'elle y aille sur-le-champ. Voilà le mariage ! (On entend un grand cri de Mme Barbe-Bleue dans la coulisse.) Ah ! mon Dieu, ce cri... Qu'y a-t-il ? que s'est-il passé ? (Elle va soulever la portière de gauche.) C'est elle... ah ! comme elle a l'air agitée !

SCÈNE V.

MADAME BARBE-BLEUE, entrant, essoufflée et agitée.

MADAME BARBE-BLEUE.

Vite, un tabouret, une chaise, un fauteuil! quelque chose pour m'évanouir.

ANNE, lui avançant un siège.

Mais que t'est-il arrivé?

MADAME BARBE-BLEUE, s'asseyant.

Ouf! mes jambes ne me soutiennent plus! (Cachant sa tête dans ses mains.) Quel spectacle, quel spectacle!

ANNE.

Qu'as-tu donc vu dans ce cabinet?

MADAME BARBE-BLEUE, se levant vivement.

Ce que j'ai vu... Ah! les mauvaises langues d'Ault avaient raison et ce n'était pas un cancan! Ce que j'ai vu dans ce cabinet, ma sœur, sept femmes, accrochées à sept clous! Tiens, pour plus de détails, relis le conte de Perrault, page trente, édition de la Bibliothèque nationale, et tu sauras ce que j'ai vu.

ANNE.

Tu me fais frémir.

MADAME BARBE-BLEUE.

Je frémis aussi. Mais ce qui me chiffonne davantage, c'est que j'ai laissé tomber la petite clef, et qu'il y a dessus une tache de sang que je ne puis enlever. J'ai beau frotter, frotter... (Dramatiquement.) la tache reparaît toujours!

ANNE, dramatiquement.

Et la mer montait toujours!

MADAME BARBE-BLEUE, changeant de ton.

Ah! tiens, à propos de mer... si tu allais me chercher un peu de sable sur la plage. En frottant avec du sable...

ANNE.

C'est une idée.

MADAME BARBE-BLEUE.

Va vite!

ANNE.

J'y cours.

SCÈNE VI.

MADAME BARBE-BLEUE, puis BARBE-BLEUE.

MADAME BARBE-BLEUE, seule.

Pourvu que le sire de Barbe-Bleue déguste longtemps... longtemps! et me laisse le loisir, si je ne puis enlever la tache, de faire fabriquer une clef pareille à celle-ci.

BARBE-BLEUE, entrant par le fond.

J'ai manqué le train.

MADAME BARBE-BLEUE, à part.

Ciel! Il n'a pas dégusté! (Haut et d'un air gracieux.) Eh! quoi, mon bel ami, déjà de retour?

BARBE-BLEUE.

J'ai manqué le train d'une heure vingt-trois minutes. J'irai à Bercy un autre jour. Mais je n'attendrai pas jusqu'à demain pour vous redemander les clefs que je vous ai confiées.

MADAME BARBE-BLEUE, troublée.

Ah! le trousseau?

BARBE-BLEUE.

Oui, le trousseau.

MADAME BARBE-BLEUE, le lui donnant d'une main tremblante et détournant la tête.

Le... voici.

BARBE-BLEUE.

Fort bien. (Le regardant et d'une voix terrible.) Ah! ah! ah! ah! ah! Enfer et malédiction! Pourquoi donc y a-t-il une tache de sang sur la petite clef du cabinet?

MADAME BARBE-BLEUE, troublée.

Je ne sais... la bonne, peut-être, qui aura tué un canard.

BARBE-BLEUE.

Vous ne savez pas? Eh bien! je le sais, moi; vous êtes entrée dans le cabinet. Puisqu'il en est ainsi, madame, vous irez prendre place auprès de celles que vous avez vues. Il faut mourir, et tout à l'heure!

MADAME BARBE-BLEUE.

Sitôt que ça! Vous me laisserez, au moins, le temps de faire ma prière?

BARBE-BLEUE.

Je vous donne un demi-quart d'heure — comme dans le conte; sept minutes, trente secondes, pas davantage. Moralité :

La curiosité, malgré tous ses attraits,
Coûte souvent bien des regrets!

(Se retournant au moment de sortir et faisant le geste de couper le cou.)

Couic! (Il sort.)

SCÈNE VII.

MADAME BARBE-BLEUE seule, puis ANNE.

MADAME BARBE-BLEUE.

Voilà ce que c'est que d'avoir été désobéissante !

ANNE, entrant avec du sable dans un seau d'enfant.

Le sable demandé, voilà !

MADAME BARBE-BLEUE, agitée.

Il s'agit bien de sable, quand le sire de Barbe-Bleue se propose de me couper le cou. Sœur Anne, ouvre vite cette fenêtre pour voir si mes frères ne viennent point. Ils t'ont dit qu'ils arriveraient aujourd'hui. Si tu les vois, fais-leur signe de se hâter.

BARBE-BLEUE, dans la coulisse.

As-tu bientôt fini ? Descends vite, ou je monterai là-haut !

MADAME BARBE-BLEUE, répondant en se faisant un porte-voix de ses deux mains :

Encore un moment. (A sa sœur qui a ouvert la fenêtre.) Anne, ma sœur Anne, ne vois-tu rien venir?

ANNE.

Je ne vois que le soleil qui poudroie et l'herbe qui verdoie.

LA VOIX DE BARBE-BLEUE.

Descends bien vite ! Ou je monterai là-haut.

MADAME BARBE-BLEUE, à part.

Gredin ! (Répondant.) On y va ! on y va ! (A sa sœur.) Anne, ma sœur Anne, ne vois-tu...

ANNE.

Je ne vois que le phare de Cailleux, signe de beau temps.

MADAME BARBE-BLEUE.

Et sur la route d'Escarbotin?

ANNE.

Ah! Je vois deux cavaliers qui viennent de ce côté. Mais ils sont bien loin encore.

MADAME BARBE-BLEUE.

Dieu soit loué!

ANNE, *agitant un mouchoir à la fenêtre.*

Je leur fais signe tant que je puis de se hâter.

SCÈNE VIII.

LES MÊMES, BARBE-BLEUE *avec un grand sabre.*

BARBE-BLEUE.

J'ai failli attendre... comme Louis XIV!

MADAME BARBE-BLEUE, *étonnée.*

Louis XIV? Mais il ne régnera que dans neuf cents ans.

BARBE-BLEUE.

Qu'est-ce que cela prouve? Que je suis un homme de progrès! Je devance mon époque, et je viens vous couper le cou moi-même. Y sommes-nous? Une, deux, trois... (*Bruit dans la coulisse.*) Quel est ce bruit?

SCÈNE IX.

LES PRÉCÉDENTS, LANCELOT, LAHIRE.

MADAME BARBE-BLEUE.

Ah! ce sont nos deux vaillants frères! A moi, à l'assassin! à la garde!

LANCELOT, s'arrêtant étonné.

Une scène de ménage, déjà !

LAHIRE.

Une querelle intestine !

MADAME BARBE-BLEUE.

Le sire de Barbe-Bleue se propose de me couper le cou.

ANNE.

Et il a déjà occis *septe* premières femmes !

LANCELOT.

Pour lors, que c'est donc un récidiviste !

LAHIRE, tirant sa rapière.

Conséquemment, que si c'est un récidiviste, à la Nouvelle !

LANCELOT, tirant sa rapière.

A la Nouvelle ! (Ils l'empoignent.)

BARBE-BLEUE.

Ah ! si vous n'étiez pas deux contre un. Mais vous êtes deux vaillants preux...

LANCELOT.

Moi, preu.

LAHIRE.

Moi, ceu.

BARBE-BLEUE.

Alors, va pour la Nouvelle !

(Ils sortent tous sur l'air joué sur le piano : « Bon voyage, M. Dumollet... » et en dansant.)

(Rideau.)

DEUXIÈME PARTIE

LA PIE VOLEUSE

PERSONNAGES

M. de la HOUSPIGNOL.
Mme de la HOUSPIGNOL.
Le sous-préfet de FRIAUCOURT [1].
GRABUGE, adjoint.
CHAPUZOT, garde champêtre.
NINETTE, servante des la Houspignol.
MARGOT, personnage muet.

Une salle à manger, ou un salon chez M. de la Houspignol; entrée à gauche, fenêtre au fond; ameublement bourgeois.

SCÈNE PREMIÈRE.

MADAME DE LA HOUSPIGNOL, appelant à la cantonade :

Ninette ? Ninette ? (Elle entre en regardant autour d'elle. Ninette ? Comment ? Personne ! Où donc est-elle ? Un jour comme celui-ci ! Un jour où nous avons l'honneur de recevoir à déjeuner M. le sous-préfet de Friaucourt. (Appelant encore.) Ninette?

NINETTE, au dehors.

Madame?

MADAME DE LA HOUSPIGNOL.

Ah! c'est elle, enfin! (Entre Ninette, un panier au bras.)

[1] Remplacer ce nom par celui d'un village ou d'un hameau voisin.

D'où venez-vous donc, Ninette, un jour comme celui-ci?

NINETTE.

Je viens du port, madame, pour acheter le turbot que madame m'a commandé?

MADAME DE LA HOUSPIGNOL.

A la bonne heure ! Eh bien?

NINETTE.

Pas de turbot, pas de barbue, pas de mulet, pas de sole, pas de plies, pas de carreaux; pas de pêche, pas de poissons.

MADAME DE LA HOUSPIGNOL.

Quelle contrariété ! Et quelle entrée, à la place du turbot, allons-nous donner à M. le sous-préfet de Friaucourt?

NINETTE.

Ah ! dame...

MADAME DE LA HOUSPIGNOL.

Voyons, Ninette, donnez-moi une idée?

NINETTE.

Si on lui faisait une bonne omelette au lard?

MADAME DE LA HOUSPIGNOL.

Oh ! non. Quelque chose de plus distingué.

NINETTE.

De plus distingué ? Un lapin sauté?

MADAME DE LA HOUSPIGNOL.

Mais non. Tenez, mettez toujours votre couvert; moi, je vais voir, dans le pays, si je trouve quelque chose pour remplacer le turbot.

NINETTE.

Oh! madame peut être tranquille. Elle ne trouvera rien. Il n'y a pas de ressources dans le pays.

MADAME DE LA HOUSPIGNOL.

Je vais toujours essayer. (Revenant.) Ah! ouvrez un peu cette fenêtre pour donner de l'air. On la fermera à l'arrivée de M. le sous-préfet.

NINETTE.

Bien, madame.

(Mme de la Houspignol sort.)

SCÈNE II.

NINETTE seule, mettant le couvert.

C'est vrai qu'il n'y a pas de ressources ici; ce n'est pas comme à Paris. Voyons, la nappe d'abord; les serviettes; les assiettes et les couverts. (Elle met au fur et à mesure les objets sur la table.) Les couteaux, la bouteille, la carafe... non, il n'y a pas de carafe. C'est de l'eau qu'ils appellent: *minérale*, qu'il y a dans c't autre bouteille qu'a une étiquette. Quelle drôle d'idée de mettre de l'eau dans une bouteille? Ils ne savent qu'inventer! Là, c'est tout, je crois, voilà mon couvert mis. Maintenant, allons surveiller mon rôti. (Se ravisant.) Ah! madame qui m'a dit d'ouvrir la fenêtre. (Elle va l'ouvrir en ayant soin de n'ouvrir que le battant de gauche et en laissant le battant de droite fermé.) En voilà de l'air, en voilà.

(Elle sort.)

SCÈNE III.

La scène reste vide. Par le battant de la fenêtre qui est ouvert, Margot, la pie, apparaît et va voltiger au-dessus de la table servie. Puis, elle emporte la fourchette du sous-préfet et s'envole par la fenêtre. Musique pendant cette scène. Le piano doit jouer un fragment de l'air de la Pie voleuse : « Pauvre Ninette. » La musique cesse à l'entrée des personnages [1].

SCÈNE IV.

LE SOUS-PRÉFET,
MONSIEUR ET MADAME DE LA HOUSPIGNOL.

La voix de **MONSIEUR DE LA HOUSPIGNOL** à la cantonade.

Je n'en ferai rien, passez le premier, monsieur le sous-préfet.

LE SOUS-PRÉFET, entrant.

Monsieur de la Houspignol, ce sera donc par obéissance ! Notre gouvernement doit conserver les saines

[1] Cette scène, qui a produit le plus grand effet à la représentation, est facile à exécuter. On se procure une pie empaillée, les ailes ouvertes, ou un oiseau lui ressemblant. On se procure ensuite une tige de 3 mètres en fil de fer galvanisé, aussi blanc que possible, tel que ceux qui, dans les jardins, servent d'espaliers aux arbres fruitiers. On embroche la pie dans ce fil en le fixant avec un fil de fer plus fin que l'on termine en crochet sous le ventre de la pie. On a eu le soin de faire un anneau, en fil de fer également, à la fourchette qui est sur la table, fourchette que Ninette doit placer sur le dos pour qu'elle ne bascule pas. La personne qui fait manœuvrer la pie est au dehors, montée sur une échelle. Le battant de droite, qui est fermé, lui permet de voir la table et d'accrocher le couvert.

traditions de la courtoisie qui, si j'ose m'exprimer ainsi, chère madame, sont le lien civilisé ou plutôt civilisateur qui relie les nations les unes aux autres.

MONSIEUR DE LA HOUSPIGNOL, qui, pendant ce temps, est allé fermer la fenêtre, revenant.

Qu'il parle bien !

MADAME DE LA HOUSPIGNOL.

Quelle éloquence ! Mais comment faites-vous donc pour parler comme cela ?

LE SOUS-PRÉFET.

C'est naturel et administratif. La nature (saluant madame de la Houspignol), chez l'homme (saluant monsieur de la Houspignol), comme chez les animaux, sait répartir la dose, disséminée, mais inhérente à chacun, des qualités héréditaires qui, permettez-moi de le dire, se transmettent ainsi de génération en génération. Mon père était avocat, mon oncle était avocat, moi-même je suis avocat...

MONSIEUR DE LA HOUSPIGNOL, riant.

Tout s'explique alors.

(Ninette, qui vient d'entrer, met un plat sur la table et sort.)

MADAME DE LA HOUSPIGNOL.

Le déjeuner est servi, avez-vous bon appétit, monsieur le sous-préfet ?

LE SOUS-PRÉFET.

Chère madame, le déjeuner est mon meilleur repas... du matin.

MONSIEUR DE LA HOUSPIGNOL.

A table ! alors. (On se place.)

MADAME DE LA HOUSPIGNOL, *servant.*

Je n'ai pas besoin de vous dire, monsieur le sous-préfet, combien nous sommes heureux de vous voir partager notre modeste menu.

LE SOUS-PRÉFET.

Chère madame, la fête est pour moi. Réparer les forces de son corps, en mêlant à cet exercice... indispensable, si j'ose m'exprimer ainsi, la causerie de deux personnes d'un esprit aussi distingué que le vôtre, c'est, en quelque sorte, tirer le feu d'artifice de l'intelligence !

MADAME DE LA HOUSPIGNOL.

Un peu de canard aux petits pois, monsieur le sous-préfet?

LE SOUS-PRÉFET.

Mille grâces, madame.

(M. et Mme de la Houspignol se mettent à manger. Le sous-préfet, qui ne trouve pas sa fourchette, la cherche partout, sur sa chaise, sous la table, il secoue sa serviette et, ne la trouvant pas, paraît fort embarrassé.)

MADAME DE LA HOUSPIGNOL.

Mais vous ne mangez pas, monsieur le sous-préfet ?

LE SOUS-PRÉFET.

C'est que, c'est assez étrange, je ne trouve pas ma fourchette.

MADAME DE LA HOUSPIGNOL, *étonnée.*

Comment?

LE SOUS-PRÉFET.

Voyez vous-même.

MADAME DE LA HOUSPIGNOL.

Oh ! je suis confuse ! Cette Ninette est d'une étourderie... (Elle sonne.)

LE SOUS-PRÉFET.

Le mal est facile à réparer.

SCÈNE V.

LES PRÉCÉDENTS, NINETTE.

NINETTE, entrant.

Madame a sonné ?

MADAME DE LA HOUSPIGNOL.

Ninette, comment se fait-il que M. le sous-préfet n'ait pas de fourchette ?

NINETTE.

J'y en ai mis une, et à lui le premier, encore.

MADAME DE LA HOUSPIGNOL.

C'est impossible, voyez ?

NINETTE.

Mais j'en suis bien sûre, moi.

MONSIEUR DE LA HOUSPIGNOL.

Mon enfant, vous vous serez trompée.

NINETTE.

C'te bêtise !

MONSIEUR DE LA HOUSPIGNOL.

Hein ? vous dites...

NINETTE.

Pardon, excuse, j'voulais dire : C'te bêtise, puisque madame m'a dit : « Il n'y a que six couverts d'argent, vous en mettrez trois sur la table et vous garderez les trois autres pour le second service. Les trois autres sont dans la cuisine. »

LE SOUS-PRÉFET.

Alors, cette fourchette aurait disparu ?

MONSIEUR DE LA HOUSPIGNOL.

Positivement, elle a disparu.

LE SOUS-PRÉFET.

Grave, fort grave ! Y a-t-il longtemps que cette fille est à votre service ?

MADAME DE LA HOUSPIGNOL.

Non. Un mois à peu près.

LE SOUS-PRÉFET.

Et elle vient...

MADAME DE LA HOUSPIGNOL.

Des environs.

LE SOUS-PRÉFET.

Grave ! très grave. (Se levant.) Madame, cet incident de couvert m'a coupé l'appétit. Nous déjeunerons plus tard. Permettez à la justice d'avoir d'abord son cours.

MONSIEUR DE LA HOUSPIGNOL.

Quoi, monsieur le sous-préfet, vous voulez...

LE SOUS-PRÉFET.

C'est obligatoire... et administratif. L'adjoint et le garde champêtre de cette commune, qui avaient à me parler, m'attendent en bas. Je vais les appeler, et nous nous constituerons en tribunal pour interroger cette servante. (Il ouvre la fenêtre et appelle.) Monsieur Grabuge ? Chapuzot ? Oui, vous, montez ?

NINETTE.

Quoi que vous voulez faire, donc ?

LE SOUS-PRÉFET.

Mademoiselle, nous allons vous interroger.

NINETTE.

Moi, comme le maître d'école, alors.

LE SOUS-PRÉFET.

Ne riez pas ; la situation est tendue, très tendue ! J'aurai la franchise de le dire tout haut : c'est souvent quand on est coupable que l'on commence à dévier du sentier de la vertu !

SCÈNE VI.

LES PRÉCÉDENTS, L'ADJOINT, LE GARDE CHAMPÊTRE.

GRABUGE.

Vous nous avez appelés, monsieur le sous-préfet ?

LE SOUS-PRÉFET.

Oui, monsieur Grabuge, j'ai besoin de vous comme témoin. Vous allez siéger à mes côtés.

GRABUGE.

L'honneur est du mien, monsieur le sous-préfet.

LE SOUS-PRÉFET.

Vous, Chapuzot, comme représentant de la force armée, vous allez remplir les fonctions de... juge de paix. Vous allez siéger aussi.

CHAPUZOT.

Monsieur le sous-préfet, je suis votre infime subordonné.

(M et Mme de la Houspignol enlèvent la table.)

LE SOUS-PRÉFET, au milieu, ayant à sa droite Grabuge, et Chapuzot à sa gauche.

Faites comparaître l'accusée.

MADAME DE LA HOUSPIGNOL.

Avancez, Ninette, et répondez.

NINETTE.

Quoi qu'il faut répondre ?

MONSIEUR DE LA HOUSPIGNOL.

Rien. Attendez que l'on vous interroge.

LE SOUS-PRÉFET.

Vos nom et prénoms.

NINETTE.

S'il vous plaît ?

LE SOUS-PRÉFET.

Comment vous nommez-vous ?

NINETTE.

Ah ! bon ! Ambroisine-Ninette Lardinois.

LE SOUS-PRÉFET.

Votre âge ?

NINETTE.

J'aurai dix-neuf ans aux nèfles.

CHAPUZOT.

Pardon, monsieur le sous-préfet, comme infime subordonné, est-ce que je pourrais faire une question à l'inculpée ?

LE SOUS-PRÉFET.

Comme garde champêtre, non. Mais comme juge de paix, oui. Parlez ?

CHAPUZOT, à Ninette.

Est-ce que l'inculpée est parente des Lardinois de la Croix-au-Bailli ? J'ai, par là, un cousin dont le frère avait épousé une Lardinois. Même qu'un jour j'ai fait à un de ses oncles un procès-verbal pour avoir chassé dans la récolte...

LE SOUS-PRÉFET, l'interrompant.

Chapuzot, je vous arrête...

CHAPUZOT.

Vous m'arrêtez, monsieur le sous-préfet, moi qui arrête les autres !

GRABUGE.

Chapuzot, M. le sous-préfet vous arrête parce que votre demande est oiseuse...

CHAPUZOT, grommelant.

T'oiseuse, t'oiseuse...

GRABUGE.

Vous venez nous dire que vous avez des parents à la Croix-au-Bailli. Qui est-ce qui n'a pas des parents à la Croix-au-Bailli? Moi, qui vous parle, j'ai aussi de la famille à la Croix-au-Bailli, et je ne demande pas la parole à M. le sous-préfet pour parler de la famille que j'ai à la Croix-au-Bailli. Vous n'êtes pas du tout dans la question.

LE SOUS-PRÉFET.

Du tout ! du tout ! (A Grabuge.) Ni vous non plus, du reste. (A Ninette.) Voyons, mon enfant, un bon mouvement ! Avouez que vous avez succombé à la tentation ? Avouez tout !

NINETTE.

Quoi que vous voulez que j'avoue, donc ?

LE SOUS-PRÉFET.

Rendez le couvert à Mme de la Houspignol, on ne vous fera pas de mal, et vous irez servir... ailleurs.

NINETTE, sautant.

Est-il Dieu possible ! Vous croyez donc que c'est moi qu'a pris le couvert ?

LE SOUS-PRÉFET.

Toutes les apparences vous accusent.

NINETTE.

Moi ! une voleuse ! (S'avançant avec menace.) Ah ! si vous n'étiez pas m'sieu l' sous-préfet, comme je vous casserais mon sabot sur la figure.

LE SOUS-PRÉFET, reculant sur Grabuge.

Accusée, n'aggravez pas votre situation par des menaces.

NINETTE, pleurant dans son tablier.

Hi ! hi ! hi ! m'accuser d'être une voleuse ! C'est-y un malheur, ça, c'est-y un malheur !

(A ce moment, la pie reparaît par la fenêtre et, ne trouvant plus la table, voltige sur la tête du sous-préfet qu'elle chatouille avec la fourchette, Celui-ci fait des gestes comme pour chasser une mouche.)

LE SOUS-PRÉFET, à Ninette.

Accusée... (geste) que ces mouches sont insupportables ! Votre douleur paraît sincère, mais... (nouveau geste) ces mouches sont assommantes ! Mais, à moins que ce couvert ne se soit envolé...

NINETTE qui a levé la tête, apercevant la pie, et riant.

Ah ! ah ! ah ! Eh ben, la voleuse, la v'là.

LE SOUS-PRÉFET.

Où donc ?

NINETTE, la montrant.

Regardez ?

LE SOUS-PRÉFET.

Que vois-je !

MONSIEUR DE LA HOUSPIGNOL.

Est-il possible !

MADAME DE LA HOUSPIGNOL.

Margot !

LE SOUS-PRÉFET.

Étrange ! étrange ! (Il attrape la pie et lui reprend la fourchette. Margot s'envole.) Est-ce assez invraisemblable ! Et dire qu'on a fait une pièce là-dessus qui a eu beaucoup de succès.

NINETTE.

Eh ben? je suis-t'y une voleuse, à présent ?

LE SOUS-PRÉFET.

Ninette, je proclame votre innocence. Nous étions dans l'erreur, et qu'on me pardonne ce paradoxe : quand on est dans l'erreur, on est bien près de se tromper. On vous doit une réparation, vous l'aurez. Je vais écrire au secrétaire perpétuel de l'Académie française pour qu'il vous mette sur la liste des prix Montyon.

NINETTE.

Le prix Montyon? Ça fera-t-il augmenter mes gages ?

LE SOUS-PRÉFET.

Ça les augmentera. Mais il me reste un devoir à remplir... et les verres aussi. (Remplissant un verre et le donnant à Grabuge.) Monsieur Grabuge ? (Un autre verre et le donnant à Chapuzot.) Monsieur Chapuzot? (Un troisième verre, et le prenant.) Moi-même. Messieurs, je ne veux pas vous avoir dérangés pour rien. Vous allez me faire raison. Je porte un toast à la vertu et à l'innocence de Ninette! (Ils trinquent.)

TOUS, debout.

Vive M. le sous-préfet ! Vive M. le sous-préfet! (Ils boivent.)

(Musique. — Rideau.)

INTERMÈDE

M. Timbal, directeur de marionnettes, s'avance une badine à la main, précédé de quatre saltimbanques qui jouent un air de polka d'une façon plus ou moins discordante. Quand ils ont fait le tour du théâtre et sur un signe de leur directeur, les musiciens s'arrêtent et se rangent derrière lui.

MONSIEUR TIMBAL, après avoir salué :

Habitants du bourg d'Ault [1],

Nous venons vers vous en toute confiance. Artistes de père en fils, de mère en fille, de frère en sœur, de cousin en cousine, ce n'est pas pour gagner de l'argent que nous avons parcouru l'univers entier. C'est uniquement pour l'amour de l'art! C'est uniquement pour amour de l'art que nous venons, aujourd'hui, éclairer vos intelligences arriérées et vos esprits bornés, en représentant devant vous un de ces chefs-d'œuvre que l'Europe nous envie. Ce soir, à neuf heures, grande et unique représentation de *Geniëvre de Brabant,* ou la femme malheureuse, innocente et persécutée, victime d'un époux irrésolu, crédule et barbare!

Habitants du bourg d'Ault,

Si nous vous faisions payer vos places en raison du plaisir que vous prendrez à ce spectacle, votre fortune n'y suffirait pas.

50 centimes les premières; 25 centimes les secondes,

Et l'honneur de votre présence!

En avant la musique!

(La musique reprend. — Défilé et sortie.)

[1] Mettre le nom de la localité où se jouera la charade.

TROISIÈME PARTIE

GENEVIÈVE DE BRABANT

Représentée par les artistes en bois de M. Timbal.

PERSONNAGES[1]

SIFFROY, duc de Brabant.
UN VIEIL ERMITE.
GENEVIÈVE DE BRABANT.
DEUX SONNEURS DE TROMPE.
UNE BICHE SUR UNE PLANCHE A ROULETTES.

Le théâtre représente le rond point d'une forêt. Au fond une caverne.[2]

SCÈNE PREMIÈRE.

GENEVIÈVE, seule, dans la caverne.

Le piano joue, pour ouverture, l'air de chasse du « jeune Henri » qui va « diminuendo » jusqu'au lever du « rideau ».

GENEVIÈVE, écoutant :

La chasse s'éloigne. O ma biche chérie, tu ne cours plus aucun danger, et nous pouvons revoir la clarté

[1] Pour rendre l'illusion de marionnettes, les acteurs doivent se servir d'une ficelle qui part de chaque côté de la tête, passe par les poignets, et s'attache aux pieds. On emploie à cet effet des œillets de bottines n° 3 que l'on coud, en dehors, à droite et à gauche de la coiffure, à droite et à gauche des poignets et de la chaussure, la ficelle passant dans ces anneaux.

[2] Au fond du salon, à gauche, un écriteau : *Forêt* ! au milieu,

du jour. (Elle sort de la caverne traînant sa biche à roulettes qui est fixée à son poignet droit par une ficelle.) Quelle destinée que la mienne! Issue d'une grande famille, comme j'avais quelque chose à revenir de mes parents, j'épousai à dix-huit ans le prince Siffroy, duc de Brabant. Mais après deux années d'un bonheur sans nuages, indignement calomniée par l'infâme Golo, je fus amenée dans cette forêt par deux misérables qui avaient reçu l'ordre de m'y percer le flanc! Attendris par mes prières, par mes larmes, ils se contentèrent de m'y abandonner, espérant que la faim accomplirait leur œuvre. En effet, comment pourvoir à ma subsistance dans cette solitude? C'était là le difficile. Voilà celle à qui je dois la vie! O ma biche chérie, ma bonne nounou, je ne saurais te couvrir de trop de caresses! (Elle se baisse, et du tranchant de la main, les doigts écartés, elle frappe sur le dos de la biche, comme avec une main de bois.) Mais ce n'est pas tout, dans mes promenades solitaires, j'avais fait la connaissance du bon ermite qui habite cette caverne. Tout à coup, il y a un mois de cela, il a disparu! Qu'est-il devenu? Quand le reverrai-je? Mon Dieu, ce n'est pas que son commerce fût des plus agréables... sa conversation laissait beaucoup à désirer, mais enfin, je préférais encore sa société à celle de ma biche chérie qui n'a pas de conversation du tout. Ah! puisque tu me crois morte, tu dois te réjouir, infâme Golo! Va,

une échelle double ouverte et couverte d'une serge foncée, surmontée d'un écriteau : *Caverne*. A droite, un troisième écriteau, au fond également : *Carrefour*.

ris, Golo, quelque chose me dit que je prendrai bientôt ma revanche!

SCÈNE II.

GENEVIÈVE, LE VIEIL ERMITE.

L'ERMITE.

C'est vous, ô noble princesse, je vous cherchais.

GENEVIÈVE, avec joie.

Te voilà donc enfin, ô bon ermite, toi que je n'espérais plus de revoir! Mais qu'es-tu devenu pendant cette longue absence?

L'ERMITE.

J'avais mon plan. Ayant appris que le prince Siffroy était revenu de la Palestine et que l'infâme Golo avait été chassé de la cour, j'ai été roder z'autour du palais, et j'ai fait la connaissance des domestiques en leur offrant une politesse. Un soir, j'ai pu leur causer dans un collidor, et ils m'ont promis qu'ils feraient des pieds et des mains pour me faire parler à leur maître.

GENEVIÈVE.

Tu l'as vu? Tu lui as parlé?

L'ERMITE.

J'avais mon plan; je l'ai vu, je lui ai parlé, et j'ai zévu la certitude que, s'il vous croyait morte, il n'avait jamais cessé de vous aimer.

GENEVIÈVE, avec joie.

Oh! tais-toi, mon cœur!

L'ERMITE.

Pour lors, en lui tirant sa bonne aventure, je lui ai

prédit qu'il vous retrouverait vivante au fond d'une forêt, et vivant avec une biche. Depuis ce moment, il chasse tous les jours dans les forêts de ses domaines, à preuve qu'il ne serait pas fâché de vous retrouver.

GENEVIÈVE.

Alors, les cors que je viens d'entendre sont ceux de mon époux?

L'ERMITE.

Ce sont ses cors. Ecoutez, la chasse revient de ce côté. La bête n'est pas loin, votre époux va venir.

GENEVIÈVE.

Je tremble! Mon cœur palpite de crainte et d'espérance. Que faut-il faire?

L'ERMITE.

Rentrez dans la caverne, et ne paraissez que quand je vous appellerai.

GENEVIÈVE.

J'obéis. (Elle rentre dans la caverne.)

SCÈNE III.

LE VIEIL ERMITE, seul, puis SIFFROY.

LE VIEIL ERMITE.

Guettons le moment favorable pour nous montrer z'à lui. (Il va se coller contre le mur du fond près de la caverne et écoute.)

SIFFROY entre, précédé de deux sonneurs de trompe. — Le piano reprend l'air de chasse du « Jeune Henri », « fortissimo ».

Bredouille! Oh! mais, pas comme on l'entend généralement. Ce n'est pas du gibier que je cherche, c'est ma femme, l'infortunée Geneviève, que l'infâme Golo avait bassement calomniée. Voilà longtemps que je ne l'ai vue, et puisqu'elle est innocente, ça me fera plaisir de la revoir. Un ermite très vieux, mais de manières bien distinguées, m'a prédit que je devais la retrouver au fond d'une forêt, en compagnie d'une biche. Alors, tous les jours : ton ton ton ; ton taine ton ton. J'ai déjà arpenté quatre forêts de mes domaines, et les jambes commencent à me rentrer. Ouf!

L'ERMITE, se montrant.

Encore un peu de courage, ô prince Siffroy, tu brûles!

SIFFROY.

O ciel, bon ermite, que veux-tu dire?

L'ERMITE.

Ta Geneviève n'est pas loin, Tu vas la voir paraître avec détresse... des tresses longues de ça! Mais es-tu prêt z'au moins à lui r'ouvrir tes bras?

SIFFROY.

Puisque je suis resté veuf, puisque je n'ai pas convolé, ça te prouve que je ne demande pas mieux que de la reprendre.

L'ERMITE, appelant.

Paraissez, Geneviève infortunée, paraissez aux yeux de votre maître et seigneur.

GENEVIÈVE, sortant de la caverne.

Ah! puisque je te retrouve, mon époux bien-aimé, tous mes maux vont finir.

SIFFROY, à part.

C'est elle! Et pas trop changée. Quand elle sera mieux nippée, elle sera encore très présentable. (Haut.) Dans mes bras, princesse, sur mon cœur! (Ils s'embrassent en marionnettes, en se touchant les deux épaules. — A l'ermite :) Toi qui m'as rendu celle que je pleurais, ô bon ermite, demande-moi ce que tu voudras. Veux-tu être mon premier ministre, mon aumônier, mon cuisinier? Parle! Je suis prêt à combler tous tes vœux.

L'ERMITE.

Je ne veux que vous voir heureux, voilà ma plus douce récompense.

SIFFROY.

Retournons à la cour. Vous, piqueurs et sonneurs, suivez-nous, et passez devant. Que vos accords joyeux annoncent à mon peuple que sa noble maîtresse est rentrée dans le palais et dans le trône sur lesquels elle aurait toujours dû s'asseoir!

(Musique. — Sortie.)

LA FÊTE DE COLOMBINE

CHARADE EN TROIS PARTIES

PREMIÈRE PARTIE

LES MOUTONS DE PANURGE

DEUXIÈME PARTIE

L'ENFANCE D'ACHILLE

TROISIÈME PARTIE

LA FÊTE DE COLOMBINE

PREMIÈRE PARTIE

LES MOUTONS DE PANURGE

PERSONNAGES

Mme GRANDIN.
ANATOLE, son fils.
JEANNE, sa fille.
Miss SPENCER, leur amie.
Le vicomte de COPURCHIC.
AMBROISINE, bonne.
Un employé du chemin de fer.

Un salon dans un bourg de province, chez Mme Grandin; porte d'entrée au fond, portes latérales, une fenêtre au fond: à droite, table, fauteuils, chaises, etc.

SCÈNE PREMIÈRE.

MADAME GRANDIN seule, entrant par le fond, un télégramme à la main.

Quelle nouvelle! quel événement! quel honneur! Ah! j'en suis encore toute troublée...Voyons, voyons, du sang-froid. Ce n'est pas le moment de perdre la tête... au contraire. Ah! (courant à la porte de gauche qu'elle ouvre, et appelant) : Jeanne? Jeanne? Anatole? Anatole? Ambroisine? (La voix de Jeanne dans la coulisse. M'man, tu m'appelles? La voix d'Ambroisine. Voilà, madame, voilà.) Elles m'ont entendue. Elles viennent.

SCÈNE II.

MADAME GRANDIN, JEANNE, AMBROISINE, puis MISS SPENCER.

JEANNE, entrant.

Tu m'as appelée, maman?

AMBROISINE, entrant en courant.

Voilà, madame, voilà !

MADAME GRANDIN, avec agitation.

Ah ! ma fille ! ah ! Ambroisine ! si vous saviez... c'est un télégramme que je viens de recevoir... (S'interrompant.) Et Anatole? (A Jeanne.) Et ton frère, où est-il?

JEANNE.

Je ne sais pas, maman, il est sorti après le déjeuner.

MADAME GRANDIN.

Encore dehors, toujours dehors. Voilà comment il se prépare à son examen. Oh! les garçons ! (A miss Spencer qui entre.) Eh ! arrivez donc, chère voisine et amie. Si vous saviez..... quelle nouvelle! quel événement ! quel honneur ! Voici un télégramme que je reçois à l'instant et qui m'annonce, pour aujourd'hui. (Elle lit sur le télégramme.) Train de 5 heures 27, l'arrivée du vicomte de Copurchic.

JEANNE, avec admiration.

Le vicomte de Copurchic ! ici, chez nous ?

AMBROISINE, cherchant.

Le vicomte... de quoi ?

MISS SPENCER.

Aoh! Copurchic? Et il venait incessamment?

MADAME GRANDIN.

Par le train de 5 heures 27. Vous voyez que nous n'avons pas de temps à perdre. Le vicomte est le neveu et l'unique héritier de ma vieille amie, la baronne de Roskanvec. Sa tante l'a chargé d'une commission pour moi, et il a consenti à la remplir. En quittant le château de Roskanvec pour se rendre à Trouville où il va séjourner six semaines, il s'arrêtera ici et nous restera à dîner. Il n'a pas fallu moins d'un concours de circonstances pareilles pour que nous ayons le bonheur de le posséder dans nos murs!

JEANNE.

Oh! je suis impatiente de le voir!

MISS SPENCER.

Aoh! Pourquoi? apprenez-moi, je vous prie?

JEANNE.

Mais vous ne savez donc pas, miss, que le vicomte est une célébrité! Il est l'arbitre de la mode.

MADAME GRANDIN.

Même au fond de notre province, nous avons bien quelques données sur le goût du jour par nos journaux, les gravures qu'ils nous envoient, les patrons qu'ils renferment, mais ce sont les modes de la veille.....

JEANNE, continuant.

Tandis que le vicomte les devance, car c'est lui qui la donne aux journaux. Il est la mode... du lendemain, tout simplement.

MISS SPENCER.

Aoh ! fort bien. J'avais compris. C'était le roi du High-life.

MADAME GRANDIN.

Mais nous sommes là à causer, et nous perdons un temps précieux. Avant tout, il faut s'occuper du menu. Ambroisine, ma fille, il faut mettre, aujourd'hui, les petits plats dans les grands.

AMBROISINE.

Bien, madame. (S'arrêtant.) Ah ! mais, c'est que...

MADAME GRANDIN.

C'est que...

AMBROISINE.

Je veux bien essayer, mais ça ne sera pas facile.

MADAME GRANDIN.

Pourquoi ?

AMBROISINE.

Comment qu'on s'y prend alors?

MADAME GRANDIN, aux autres.

Elle m'a fait une peur ! elle n'a pas compris. (A Ambroisine.) Oui, c'est juste. C'est ma faute, et j'aurais dû me mettre à votre portée. J'ai voulu dire qu'aujourd'hui il fallait vous distinguer, nous servir un dîner délicat, recherché... tout ce qu'il y a de mieux, enfin. Cette fois, comprenez-vous ?

AMBROISINE.

Ah ! bon ! un dîner comme celui que vous avez donné à m'sieu le maire, quand il est venu?

MADAME GRANDIN.

Précisément. Allez vite ! Anatole se chargera de la

cave. (La rappelant.) Ah! vous annoncerez le vicomte quand il se présentera. Il faut toujours annoncer.

(Ambroisine sort.)

SCÈNE III.

JEANNE, MADAME GRANDIN, MISS SPENCER.

MADAME GRANDIN.

Voyons, maintenant, et ce salon, est-il un peu présentable? (Elle regarde autour d'elle.) Oui... pas mal : modeste, mais de bon goût. Pourtant, ça manque de fleurs. Jeanne, va chercher les fleurs que tu as cueillies ce matin, et que tu as placées dans ma chambre. Justement, tu les as mises dans les vases du Japon, ça fera bien.

JEANNE.

Tout de suite, maman. (Elle sort et revient un instant après avec deux vases de fleurs qu'elle place sur un meuble.)

MADAME GRANDIN.

Et cet Anatole qui ne revient pas? Sans compter qu'il va peut-être nous arriver fait comme un voleur, et qu'il n'aura pas le temps d'aller s'habiller avant l'arrivée du vicomte. Ah! miss Spencer, vous nous faites le plaisir, n'est-ce pas, de rester dîner avec nous?

MISS SPENCER.

Aoh! mille grâces, chère madame, mais, un jour comme celui-ci, c'était bien de l'*indiscrétionne.*

MADAME GRANDIN.

Du tout! du tout! au contraire. Je veux que vous

voyiez le vicomte et que vous fassiez sa connaissance. Donc, point d'excuses, je ne les accepterais pas.

MISS SPENCER.

Alors, je consentais inconsidérément.

JEANNE, qui est rentrée et a placé les vases.

Voilà, maman.

MADAME GRANDIN, regardant.

C'est cela. Et ton frère qui ne rentre pas? Mais toi-même, viens donc un peu que je te regarde ? (Elle la regarde des pieds à la tète, abattant ou relevant des plis.) Pas mal, pas mal... ça peut aller. Et moi, comment suis-je?

JEANNE.

Superbe, maman, tu es superbe, je t'assure.

SCÈNE IV.

LES PRÉCÉDENTS, LE VICOMTE DE COPURCHIC.

AMBROISINE, annonçant.

M'sieu le vicomte de Co... de Coco... comme a dit madame. (Elle sort.)

LE VICOMTE, saluant.

Madame... mesdames! (A madame Grandin.) Je suis heureux, chère madame, qu'une circonstance... futile en apparence, m'ait procuré l'honneur de vous connaître et de vous tendre une main sympathique.

MADAME GRANDIN, lui serrant la main.

Enchantée, monsieur le vicomte... (Présentant Jeanne et miss Spencer.) Jeanne, ma fille; miss Spencer, notre amie.

LE VICOMTE, saluant.

Mesdemoiselles... (A madame Grandin.) Je n'ai pas besoin de vous dire, chère madame, que ma tante m'a chargé, pour vous et les vôtres, de ses plus affectueux souvenirs.

MADAME GRANDIN.

Cette chère baronne! Et elle va toujours bien, en dépit de la soixantaine?

LE VICOMTE.

A merveille, madame, à merveille. (Il se retourne, en pirouettant un peu; les trois femmes jettent une exclamation contenue d'étonnement. Le vicomte n'a qu'une seule basque à sa jaquette de voyage. La basque de droite a disparu.)

MADAME GRANDIN et JEANNE, à part.

Oh!

MISS SPENCER.

Aoh!

JEANNE, bas à sa mère, vivement.

As-tu vu?

MADAME GRANDIN, de même.

J'ai vu. (Haut, au vicomte.) Votre tante nous a écrit que vous comptiez passer la saison d'été à Trouville.

LE VICOMTE.

Oh! la saison d'été, ce serait un peu long; quatre ou cinq semaines, tout au plus. Par ces chaleurs sénégaliennes, on ne sait vraiment où se mettre, et on se réfugie alors dans le sein de la mer!

MADAME GRANDIN, avec complaisance.

Ah! charmant! Mais, maintenant que nous avons eu l'honneur de vous voir et que nous connaissons la mode... de demain, je suis sûre qu'à votre arrivée là-bas, vous allez faire une véritable sensation.

LE VICOMTE, avec modestie.

Sensation? c'est beaucoup dire : je crois qu'on me remarquera tout au plus.

MADAME GRANDIN.

Je crois bien qu'on vous remarquera! J'ajouterai même que c'est presque une révolution! Et, dites-moi, il n'y a rien de changé pour la toilette des femmes?

LE VICOMTE.

Rien que je sache, absolument rien. Marasme complet. A mon idée, ces dames feront, là-bas, sept toilettes comme l'année dernière.

JEANNE, étonnée.

Ah! sept toilettes.

LE VICOMTE.

Pas davantage : Peignoir-cachemire, du matin; costume de bain...

JEANNE.

Agrémenté?

LE VICOMTE.

Oh! très agrémenté! (Continuant.) Toilette du déjeuner, toilette de promenade, toilette du dîner, toilette de prima-sera, et toilette de bal pour le Casino. C'est tout. (A madame Grandin.) Mais, puisque nous sommes sur ce chapitre et que j'ai pris la liberté de venir, sans façon, vous demander le couvert, serait-il indiscret de savoir à quelle heure vous vous mettez à table?

MADAME GRANDIN.

A sept heures. A moins que vous ne désiriez ...

LE VICOMTE, l'interrompant en saluant.

Sept heures, c'est parfait! Je vous demanderai seulement la permission d'aller réparer un peu le désordre du voyage. Voyager en chemin de fer, c'est, vous le savez, comme si l'on avait vécu huit jours dans les hauts-fourneaux ou dans une sale rue de Londres !

MISS SPENCER, à part, choquée.

Sale rue de Londres? Aoh! pas poli !

LE VICOMTE, saluant.

A tout à l'heure, mesdames. Je vous reviendrai, au moins, présentable. (Il sort.)

SCÈNE V.

MADAME GRANDIN, JEANNE, MISS SPENCER.

MADAME GRANDIN.

Vous avez vu?

JEANNE.

Oui.

MISS SPENCER.

Oui. Shoking !

MADAME GRANDIN.

Mais non, pas shoking, c'est la mode nouvelle, et la mode n'est jamais shoking, miss Spencer.

JEANNE.

C'est laid.

MADAME GRANDIN.

Mais non, ce n'est pas laid ! La mode, ce n'est jamais laid.

JEANNE.

Alors, vous croyez que le vicomte va faire adopter cette bizarre innovation par les baigneurs de Trouville ?

MADAME GRANDIN.

Je n'en doute pas un seul instant.

JEANNE.

Mais alors, j'y pense : Angèle, ma bonne amie de couvent qui doit aller, ces jours-ci, à Trouville avec sa famille? Son frère est un élégant s'il en fut. Je ferais peut-être bien de la prévenir. Oui, c'est cela, écrivons-lui. (Elle s'installe à la table.)

MISS SPENCER.

C'était alors un devoir pour moi de prévenir mon neveu qui faisait partie du high-life, à Brighton. (Elle s'installe de l'autre côté de la table.)

MADAME GRANDIN.

C'est cela, écrivez, écrivez.

JEANNE, écrivant.

« Chère et bonne amie, nous venons de recevoir la visite du célèbre vicomte de Copurchic...

MISS SPENCER, écrivant.

« My dear fellow, we have received a visit from viscount de Copurchic...

JEANNE, écrivant.

« Juge de notre étonnement... » (Elle continue à écrire tout bas.)

MISS SPENCER, écrivant.

« You may guess my astonishment... » (Elle continue tout bas.)

SCÈNE VI.

LES PRÉCÉDENTS, ANATOLE.

MADAME GRANDIN.

Ah ! voilà Anatole, ce n'est pas malheureux. Eh ! arrive donc ? On voit bien que tu ne te doutes pas de la surprise qui t'attend. Nous avons ici le vicomte de Copurchic, il dîne avec nous.

ANATOLE, tranquillement.

Ah ! bon ! ce jeune gommeux, le neveu de la baronne !

MADAME GRANDIN.

Gommeux? gommeux? voilà tout l'effet que ça te produit.

ANATOLE.

Quel effet voulez-vous donc que ça me produise?

MADAME GRANDIN.

Déplorable insouciance ! (Le regardant.) Mais d'abord, pour ne pas avoir l'air trop provincial, rentre vite une basque de ta jaquette. Celle de droite.

ANATOLE, étonné.

Comment, une basque ?

MADAME GRANDIN, s'approchant.

Oui, oui. Tiens, laisse-moi faire.

ANATOLE.

Mais je ne comprends pas....

MADAME GRANDIN.

Tu n'as pas besoin de comprendre. (Cherchant.) Une

épingle de nourrice? qui peut me donner une épingle de nourrice? (Jeanne lui en apporte une qu'elle prend à sa ceinture.)

ANATOLE, étonné.

Qu'est-ce que cela signifie?

MADAME GRANDIN, qui lui a rentré la basque de sa jaquette qu'elle a fixée avec l'épingle.

Tu le sauras tout à l'heure. Tu vas voir, et quand tu auras vu, tu comprendras. (Voyant entrer le vicomte.) Chut!

SCÈNE VII.

LES PRÉCÉDENTS.

LE VICOMTE, en cravate blanche et en habit. Tenue irréprochable.

JEANNE ET MISS SPENCER quittent la table.

LE VICOMTE.

J'espère, mesdames, que je ne me suis pas fait trop attendre.

MADAME GRANDIN, présentant Anatole.

Anatole, mon fils.

LE VICOMTE, lui tendant la main.

Ah! jeune homme... enchanté...

ANATOLE, saluant.

Monsieur.

JEANNE, qui a regardé l'habit du vicomte.

Ah! c'est étrange!

MADAME GRANDIN, de même.

Ah! c'est très étrange!

LE VICOMTE, se retournant.

Plaît-il?

MADAME GRANDIN, au vicomte.

Alors il n'y a rien de changé à l'habit? On en porte toujours deux?

LE VICOMTE, étonné.

Deux... quoi?

MADAME GRANDIN.

Deux pans.

LE VICOMTE.

Toujours, madame, toujours. (Riant.) Impossible de détrôner l'éternel habit noir. Un jour cependant, j'avais eu, je crois, une inspiration. C'était de l'égayer un peu en relevant les basques, comme ceci, avec du satin cerise, ou orange, à volonté... et les revers agrémentés de couleur pareille. Je donnai immédiatement cette idée à Leblond — Leblond, c'est mon tailleur, boulevard des Italiens —mais il me fit observer, avec justesse, que mon innovation rappellerait beaucoup trop les livrées du dix-huitième siècle. Je dus me rendre à cette objection... historique.

MADAME GRANDIN.

Ah! c'est fâcheux!

LE VICOMTE.

Mais je ne me tiens pas encore pour battu. Je chercherai... et je trouverai!

ANATOLE, à part.

Comme Archimède.

SCÈNE VIII.

LES PRÉCÉDENTS, UN FACTEUR DU CHEMIN DE FER.

AMBROISINE, annonçant.

M'sieu le facteur du chemin de fer. (Elle sort.)

UN FACTEUR entrant, et tenant à la main une basque de jaquette.

Pardon ! excuse ! salut à la société ! C'est donc pour vous dire, mesdames et messieurs, que nous avons ramassé sur la voie cette basque de jaquette qui a été coupée par la portière en se refermant. Pour lors, nous avons pensé qu'elle devait appartenir à un voyageur descendu à notre station, et comme nous avons trouvé dans la poche un porte-cigarettes et une carte où il y a écrit : « Le vicomte de Copurchic, » je suis venu chez madame Grandin où l'on m'a dit que le voyageur était descendu.

LE VICOMTE, qui a pris les objets.

Mais oui, ce porte-cigarettes est le mien... et cette basque est celle de ma jaquette de voyage. (Donnant une pièce de monnaie au facteur.) Tenez, mon brave, voici pour vous.

LE FACTEUR.

Merci bien, monsieur. Salut à la société. (Il sort.)

LE VICOMTE, tenant sa basque.

Mais alors, mesdames, je me suis présenté devant vous sans... (Il la montre.) (Riant.) Ah ! ah ! ah ! Vous avez dû me trouver bien ridicule !

MADAME GRANDIN.

Mais non! pas trop.

LE VICOMTE, riant.

Ah! ah! ah! convenez que l'aventure est piquante?

MADAME GRANDIN, vexée.

Oui... en effet... très piquante. (A part.) Ah! mon Dieu! Et Anatole! (A demi-voix.) Anatole?

ANATOLE.

Maman?

MADAME GRANDIN, s'approchant.

Vite! (Elle enlève l'épingle et rabat la basque.)

LE VICOMTE, qui est allé porter sa basque sur une chaise.

Que d'excuses j'ai à vous faire. Vous me pardonnerez, je l'espère, en ne voyant en moi que la victime, la pauvre victime d'une portière... de sleeping-car?

JEANNE, bas à miss Spencer.

Ah! mon Dieu! Et nos lettres?

MISS SPENCER.

Aoh! yes! Stioupides, nos lettres! (Elles vont à la table et les déchirent.)

AMBROISINE, entrant.

Madame est servie.

LE VICOMTE.

Bravo! à table, alors. (Il offre son bras à madame Grandin.) Chère madame...

ANATOLE, à part.

Ah! j'ai compris. Et ceci prouve, avec Rabelais, qu'il y a toujours eu, et qu'il y aura toujours *des moutons de Panurge*.

(Musique. — Rideau.)

DEUXIÈME PARTIE

L'ENFANCE D'ACHILLE

PERSONNAGES

THÉTIS, néréide.
ULYSSE, roi d'Ithaque.
DIOMÈDE, guerrier grec.
Mme HÉGÉMONE, maîtresse de pension.
ACHILLE, sous le nom et le costume de Mlle Thétis.
DAFNÉ } amies d'Achille,
PERSÉIS }

Dans l'île de Scyros.

Le parloir d'un pensionnat de jeunes filles, à la campagne; porte principale au fond, portes latérales; table recouverte d'un tapis vert, bancs, chaises; au-dessus de la porte d'entrée un écriteau sur lequel on lit : PARLOIR.

SCÈNE PREMIÈRE.

ULYSSE, DIOMÈDE.

Ils ont tous les deux de grosses lunettes à verres bleus, et des livres sous le bras.

ULYSSE.

Si les renseignements que l'on nous a donnés sont exacts, ce doit être ici. Du reste, comme il n'y a qu'un seul pensionnat de jeunes filles dans l'île de Scyros, nous sommes sûrs de ne pas nous tromper.

DIOMÈDE.

Pourvu que nous ne soyons pas reconnus.

ULYSSE.

Impossible! Sous nos vêtements, plus que modestes, qui reconnaîtrait en vous : le fils de Tydée, le valeureux Diomède, et en moi : le prudent Ulysse, roi d'Ithaque, le père de Télémaque et de ses sujets? Impossible! vous dis-je. Et de plus, avec la qualité que nous avons prise : celle d'inspecteurs primaires, nous sommes sûrs de recevoir un bon accueil.

DIOMÈDE.

Nous avons les lunettes et les bouquins obligatoires...

ULYSSE.

Oui, et vous voyez que, par respect pour la couleur locale, je n'ai pas hésité à arborer, sur ma chlamyde, la décoration des palmes académiques. Les institutrices, en général, ont une profonde vénération pour les inspecteurs primaires, et Mme veuve Hégémone, maîtresse de ce pensionnat, nous recevra avec tous les égards qui nous sont dus. Nous aurons le droit de visiter cette maison de la cave au grenier, et si, comme on me l'a assuré, le fils de Pélée, le vaillant Achille, est caché, sous des habits de fille, parmi les pensionnaires, nous le découvrirons facilement. Vous pouvez vous en rapporter à moi.

DIOMÈDE.

Le fait est que vous avez un flair...

ULYSSE.

De chien d'arrêt.

DIOMÈDE.

Et c'est la mère Thétis qui a eu l'idée de le cacher dans ce pensionnat sous des vêtements de fille!

ULYSSE.

C'est elle. Non contente de l'avoir plongé dans le Styx, dont les eaux l'ont rendu invulnérable...

DIOMÈDE.

Invulnérable? sauf au talon, l'endroit par lequel sa mère le tenait quand elle l'a plongé dans le Styx.

ULYSSE.

Et il paraît que cette précaution ne lui a pas semblé suffisante, puisque, pour garantir encore la vie de son Achille, elle a inventé la ruse que nous venons déjouer.

DIOMÈDE.

Convenez aussi que l'oracle de Calchas n'est guère fait pour la rassurer. Calchas a prédit que la ville de Troie ne pourrait être conquise que par Achille, mais que le vainqueur périrait sous ses murs. C'est, évidemment, la seconde partie de l'oracle qui a affolé cette brave mère Thétis. Et je comprends qu'à sa place...

ULYSSE.

Mais nous sommes tous mortels. Nous sommes des héros — je le veux bien — mais néanmoins mortels tout comme des gens de rien, ou comme le commun des martyrs. Eh bien! ne vaut-il pas mieux, cent fois, un trépas glorieux qu'une mort obscure et ignorée?

DIOMÈDE.

C'est notre manière de voir, à nous autres, guerriers valeureux, mais la mère d'Achille, comme femme et comme néréide, n'est pas forcée de partager notre manière de voir.

ULYSSE.

Et si tel est l'ordre des dieux? Thétis n'a pas la prétention, je suppose, de contrecarrer l'ordre des dieux? Et tous cas, ceci nous importe peu; notre devoir est de remplir la mission dont les princes grecs nous ont chargés, et de mettre tout en œuvre pour l'accomplir à notre honneur.

DIOMÈDE.

C'est mon avis, prudent Ulysse.

ULYSSE.

Je vois que nous étions faits pour nous entendre. Mais qui vient là? (Ils regardent.) Que les dieux me pardonnent! C'est Thétis, en personne. C'est bien elle. Est-ce le hasard qui l'amène, ou se douterait-elle de quelque chose? C'est que, voyez-vous, valeureux Diomède, il n'est pas de lunettes bleues que ne puisse pénétrer l'œil clairvoyant d'une mère! Elle vient de ce côté... ne nous montrons pas encore. Éloignons-nous et observons. (Ils sortent par la gauche.)

SCÈNE II.

THÉTIS, seule, entrant, un papier déplié à la main.

Ah! le mauvais sujet! Le méchant garnement! (S'arrêtant.) Ciel! si l'on m'entendait. (Elle regarde avec crainte autour d'elle et répète tout bas:) Ah! le mauvais sujet! Le méchant garnement! (A demi-voix, et d'un ton confidentiel.) C'est moi qui suis Thétis, la mère d'Achille. Oui, je comprends votre étonnement; vous me trouvez bien jeune, et vous vous dites : « Comment se fait-il que cette femme, si jeune, soit la mère d'un aussi grand garçon? » La réponse est bien simple : d'abord, je suis immortelle; ensuite je suis une néréide. J'habite, toute l'année, sous les flots, et ma villa, qui est bâtie sur un banc de corail, est située à deux mille deux cents brasses au-dessous du niveau de la mer. Hiver comme été, il y fait très frais, et la fraîcheur, vous savez, ça conserve. Or, je faisais tranquillement ma sieste, dans mon palais, lorsqu'on m'annonça une visite. C'était un crustacé, du genre langouste, qui m'apportait, dans sa pince, un message de la terre, de l'île de Scyros, et ce message était le bulletin trimestriel d'Achille. Eh bien! il est joli, son bulletin trimestriel. (Elle lit :) « Conduite à l'étude : mal! conduite en classe : mal! travail : mal! application : mal! progrès : nuls. Place de composition : dixième ». (Parlé.) Ceci est mieux, du moment qu'il est dans les dix premiers, c'est tout ce que je demande. (Lisant :) » Nombre des élèves : dix ». (Parlé.) Eh bien! tout cela ne serait rien encore, mais il y a une observation qui m'a mis la mort dans l'âme. (Elle lit :) « Observations : cette jeune personne, aussi indisciplinée qu'indisciplinable, jette, chaque jour, le désordre dans l'institution, et ses parents sont instamment priés de venir la reprendre le plus tôt possible! » (Parlé.) Ah! si l'on savait que Mlle Thétis est un garçon? Mais on ne le sait pas, et il ne faut pas qu'on le sache! Qu'est-ce que je vais en faire, maintenant, de mon garnement, puisqu'il faut que je le reprenne? Où le cacher? A quelle divinité le confier? Ah! je suis bien perplexe!

SCÈNE III.

THÉTIS, HÉGÉMONE.

MADAME HÉGÉMONE, *entrant.*

C'est vous, madame, qui m'avez fait demander?

THÉTIS.

Oui, madame, et vous voyez, devant vous, une mère bien affligée!

MADAME HÉGÉMONE.

Il s'agit de...

THÉTIS.

De ma fille. Voici le bulletin trimestriel que je viens de recevoir.

MADAME HÉGÉMONE, *après avoir regardé.*

Ah! ah! c'est vous qui êtes la mère de Mlle Thétis? Eh bien, je ne vous fais pas compliment de votre fille... justes dieux! l'avez-vous assez mal élevée. C'est un diable en jupons que cette fille-là!

THÉTIS, *à part.*

Elle ne croit pas si bien dire.

MADAME HÉGÉMONE, *continuant.*

Si j'en avais deux, comme celle-là, parmi mes élèves, j'aimerais mieux donner tout de suite ma démission.

THÉTIS.

Elle est intelligente, cependant.

MADAME HÉGÉMONE.

Intelligente? Le beau mérite! Notre pensionnat n'est pas en situation d'élever des bêtes à concours, et la conduite nous suffit. La conduite avant tout, madame.

THÉTIS.

Hélas! Alors, décidément, vous ne voulez pas la garder?

MADAME HÉGÉMONE.

A aucun prix.

THÉTIS.

En la prenant par la douceur?

MADAME HÉGÉMONE.

Si vous croyez que je n'ai pas essayé. Mais j'ai essayé de tous les moyens. Votre fille est incorrigible!

THÉTIS.

Et quand faut-il que je l'emmène?

MADAME HÉGÉMONE.

Je vous dirais bien : le plus tôt possible, mais je vais être obligée, à mon grand regret, de vous faire attendre. On vient de m'annoncer la visite de deux inspecteurs de l'Académie d'Athènes. Je dois me tenir à leur disposition pendant qu'ils interrogeront les pensionnaires. Mais, aussitôt qu'ils seront partis, nous réglerons nos comptes.

THÉTIS.

Oh! je ne suis pas pressée.

MADAME HÉGÉMONE.

Vous avez payé un trimestre d'avance. C'est quarante-deux sesterces, et deux as, qui vous reviennent.

Après le départ de ces messieurs, je vous les remettrai avec ce qui reste du trousseau de Mlle Thétis. Ah ! il est dans un joli état, le trousseau de votre fille !

THÉTIS.

Elle est si vive !

MADAME HÉGÉMONE.

Oui, ses bonnes amies en savent quelque chose.

(On entend un bruit de verres cassés.)

THÉTIS.

Qu'est-ce que cela ?

MADAME HÉGÉMONE.

C'est probablement Mlle votre fille qui fait encore des siennes.

SCÈNE IV.

LES PRÉCÉDENTES, ACHILLE, habillé en fille, DAFNÉ, PERSÉIS.

DAFNÉ, entrant.

Oui, méchante ! Je vais le dire à madame.

ACHILLE.

Oh ! la rapporteuse ! (Apercevant Thétis.) Tiens, voilà maman. Bonjour, m'man ! (Elle l'embrasse.)

THÉTIS.

Tu feras donc toujours, par ton inconduite, le désespoir de ta pauvre mère !

ACHILLE.

C'est pas ma faute, m'man.

MADAME HÉGÉMONE, à Dafné.

Voyons, qu'y a-t-il encore ?

DAFNÉ, montrant Achille.

C'est Mlle Thétis...

MADAME HÉGÉMONE, à Thétis.

Là... qu'est-ce que je disais. Vous l'entendez !

DAFNÉ, continuant.

C'est Mlle Thétis qui, pendant la récréation, a voulu m'empêcher de jouer avec ma poupée, ma grande poupée articulée, aux yeux d'émail.

ACHILLE.

C'est qu'aussi c'est par trop bête ! s'amuser encore avec une poupée, à cet âge-là, n'est-ce pas ridicule, je vous le demande ?

MADAME HÉGÉMONE, sentencieusement.

Chacun prend son plaisir où il le trouve.

PERSÉIS.

Elle voulait absolument nous faire jouer, avec elle, à la balle au chasseur.

DAFNÉ.

Et comme je m'y refusais, elle m'a arraché ma poupée, et l'a jetée, avec colère, par la fenêtre.

PERSÉIS.

Et comme la fenêtre était fermée, elle a brisé un carreau.

ACHILLE.

Quel grand malheur ! Je la croyais ouverte, voilà tout.

MADAME HÉGÉMONE.

« Encore un carreau d'cassé ». C'est le dix-huitième depuis un mois ! (A Achille.) Mademoiselle Thétis, je suis lasse de vous punir. Aussi bien, ce serait inutile aujourd'hui, car voici Mme votre mère qui vient vous chercher, et qui va vous emmener.

ACHILLE, avec joie.

Vrai? Tu m'emmènes? Et je vais quitter le pensionnat?

THÉTIS.

Hélas! il le faut bien.

ACHILLE, agitant ses bras et en marchant comme un garçon

Quelle chance! En voilà une chance!

PERSÉIS.

C'est ainsi que vous regrettez vos bonnes amies, votre excellente maîtresse?

ACHILLE.

Certainement, je les regrette... mais ça n'empêche pas... Songez donc : la liberté, le grand air!... On étouffe ici.

THÉTIS, à part.

C'est un héros! que voulez-vous? Je n'y puis rien!

ACHILLE, à Thétis.

Et quand partons-nous?

THÉTIS.

Tout à l'heure.

MADAME HÉGÉMONE.

Ah! voici messieurs les inspecteurs primaires. (Elle va au-devant d'eux.)

SCÈNE V.

LES PRÉCÉDENTS, DIOMÈDE, ULYSSE.

MADAME HÉGÉMONE.

On m'avait prévenue de votre arrivée, messieurs les inspecteurs, et je n'ai pas besoin de vous dire combien je suis heureuse de vous recevoir.

ULYSSE.

Au lieu de venir seul, comme c'est l'usage, j'ai pris la liberté, madame Hégémone, de me faire accompagner par un de mes collègues : le savant... Anaxagoras.

MADAME HÉGÉMONE, à Diomède.

Oh! monsieur, quel honneur pour ma maison! Comme savant, j'ai tant entendu parler de vous!

DIOMÈDE, à part.

Eh bien! elle est plus avancée que moi.

THÉTIS, à part, montrant Ulysse.

Je ne sais pas pourquoi, mais je me méfie de cet inspecteur à lunettes bleues.

ULYSSE, montrant Achille et les deux jeunes filles.

Ces trois demoiselles sont de vos élèves?

MADAME HÉGÉMONE.

Oui, monsieur l'inspecteur. Elles font partie de la grande classe.

ULYSSE.

Fort bien. (Bas à Diomède.) Attention! La présence de Thétis nous indique qu'Achille doit être parmi ces trois élèves. (Haut à Hégémone.) Pourriez-vous donner au savant Anaxagoras une idée de votre programme d'études?

MADAME HÉGÉMONE.

Très volontiers. Pour devoir, ce matin, j'ai demandé à ces demoiselles une narration.

DIOMÈDE.

Ah! ah! une narration.

MADAME HÉGÉMONE.

En laissant le sujet à leur choix.

PERSÉIS.

Moi, j'ai pris pour sujet : le réveil d'une fleur!

DIOMÈDE.

Oh ! très joli!

DAFNÉ.

Moi, j'ai écrit : la mort d'un oiseau.

ACHILLE, vivement.

Moi, j'ai imaginé le récit d'une bataille! Comme je comprendrais une bataille, une vraie bataille.

ULYSSE.

Oh! oh! Voilà un sujet bien sérieux pour une jeune fille. (Bas à Diomède.) Je crois que nous le tenons. Il faut tenter l'épreuve décisive. Allez chercher le coffret.

(Diomède sort.)

THÉTIS, à part.

Une bataille! Voilà le héros futur qui se trahit! Justes dieux! qu'une mère est malheureuse d'avoir pour fils un héros.

ULYSSE.

Bien que ce ne soit pas l'usage, le savant Anaxagoras, qui est un grand ami de la jeunesse, est allé chercher quelques curiosités qu'il a rapportées de ses voyages, et qu'il demande la permission d'offrir à ces demoiselles.

MADAME HÉGÉMONE, à part.

Des présents, à mes élèves? Quels drôles d'inspecteurs!

(Rentre Diomède avec un coffret qu'il pose sur la table et qu'il ouvre.

ULYSSE.

Approchez-vous, mesdemoiselles, et choisissez.

DAFNÉ, prenant un bracelet.

Oh! le joli bracelet de corail! moi, je prends ce bracelet.

PERSÉIS, prenant un collier.

Moi, ce collier.

ULYSSE, à Achille qui ne bouge pas.

Et vous, mademoiselle, vous ne choisissez rien?

ACHILLE, haussant les épaules.

Et que voulez-vous que je choisisse?

ULYSSE.

Regardez toujours.

ACHILLE, regardant.

Oh! un glaive! (Il prend un poignard.) Un pistolet! (Il prend un pistolet à bouchon qu'il fait partir au nez d'Ulysse.) Voilà mon affaire.

DIOMÈDE, avec joie.

C'est lui!

ULYSSE.

C'est lui!

MADAME HÉGÉMONE.

Que voulez-vous dire?

ULYSSE.

Je dis que cette jeune fille n'est pas une jeune fille. L'épreuve a réussi. C'est Achille.

THÉTIS, à part.

Ciel!

ULYSSE, continuant.

Je dis que le moment est venu de jeter le masque, et nous jetons nos lunettes! (Posant le bras sur l'épaule de Diomède qui se renverse, et se renversant également.) Nous ne sommes pas des inspecteurs primaires. Nous sommes, lui, le valeureux Diomède; moi, Ulysse, roi d'Ithaque. L'oracle a parlé, et les princes grecs nous ont envoyés pour découvrir Achille caché, dans un pensionnat de l'île de Scyros, sous des vêtements de fille. Achille est découvert, et nous l'emmenons au siège de Troie.

THÉTIS.

Emmenez-le donc, puisque l'oracle l'exige; et qu'il devienne un héros. Sa gloire me consolera.

ULYSSE.

Partons!

THÉTIS.

Je pars avec vous.

ACHILLE.

Et où allez-vous donc, ma mère?

THÉTIS.

Chez mon ami Vulcain, commander ton armure!

(Ils sortent.)

(Musique.)

(Le piano doit jouer l'air : « La victoire est à nous! »)

(Rideau.)

TROISIÈME PARTIE

LA FÊTE DE COLOMBINE

PERSONNAGES

PANTALON, propriétaire.
COLOMBINE, sa fille.
SOLITUDE, sa gouvernante.
LÉANDRE, futur de Colombine.
UN GARÇON DE RESTAURANT.

Un salon chez Léandre; porte d'entrée au fond, portes latérales, devant la porte de droite, un paravent; table, fauteuils, chaises, ameublement de garçon.

SCÈNE PREMIÈRE

LÉANDRE, seul.

Au lever du rideau, il tient entr'ouverte la porte de gauche, par laquelle il est entré et parle à la cantonade.

Oui, mademoiselle et chère future, vous êtes très bien comme cela. Soyez tranquille, je n'ai pas oublié que c'est aujourd'hui votre fête, et je vous la souhaiterai ce soir. En attendant, je vais passer à la poste pour savoir s'il y a une lettre de vous. (Il ferme la porte, met la clef dans sa poche, et descend en scène en regardant autour de lui.) Je suis seul... heureusement, car si l'on m'avait vu... ou entendu, comme on rirait de moi. (Il rit.) J'en ris moi-même, car, en vérité, on n'a jamais eu une idée pareille ! une idée aussi folle ! Elle m'est venue, un soir, chez mon ami, le peintre du quatrième. Il avait un si joli mannequin que je l'ai prié de me le prêter ; puis, j'ai fait faire un costume tout semblable à celui que portait ma chère Colombine le jour de son départ, et j'ai habillé mon mannequin avec ce costume. Il est là. (Il indique la chambre.) Tantôt, nous souperons ensemble, en tête-à-tête, et il me semble que cette douce illusion me fera supporter plus facilement l'absence de ma future. C'est qu'aussi, il y a dans tout cela comme une fatalité ! A la veille de notre mariage, voilà que sa tante, qui habite la campagne, tombe malade, et ma chère Colombine est obligée de partir pour la soigner. Il y a trois semaines de cela, et le temps me semble bien long ! Mais l'heure se passe, et il faut que j'aille donner mes leçons. Allons ! du courage ! (Il sort par le fond.)

SCÈNE II.

PANTALON, SOLITUDE.

A peine Léandre est-il parti qu'on entend ouvrir la porte de droite cachée par le paravent. Le paravent s'écarte, Solitude et Pantalon paraissent marchant à pas de loup.

PANTALON.

Eh bien ?

SOLITUDE.

Personne ! Il vient de partir, et nous sommes maîtres de la place ! C'est égal, vous avez bien fait de garder la clef de cette porte condamnée.

PANTALON.

Solitude, ma bonne, comme propriétaire, je garde toutes les clefs de mon immeuble. Quand j'ai loué la moitié de cet entresol à Léandre, je ne savais pas s'il payerait son terme. Les renseignements étaient excellents, j'en conviens, mais on a tous les jours de très bons renseignements sur des personnes qui ne payent pas leur terme.

SOLITUDE.

Voilà bien un raisonnement de propriétaire ! Et comme il payait régulièrement son terme, vous lui avez accordé la main de votre fille ?

PANTALON.

Eh ! pouvais-je faire autrement ? En outre des bons renseignements dont je viens de parler, j'avais pu apprécier par moi-même les qualités de Léandre. Doué d'une voix charmante, et qu'une méthode excellente fait encore valoir, il ne peut suffire, comme maître à chanter, aux leçons qu'on lui demande. Il se fait un revenu d'au moins six mille livres... et comme il est sage, économe, il m'a semblé que c'était un excellent parti... et puis, enfin, il plaisait à ma fille.

SOLITUDE.

Quel coup elle va recevoir à son retour.

PANTALON.

La pauvre enfant ! car elle aime sérieusement ce Léandre. Mais es-tu bien sûre au moins, Solitude, de ce que tu avances ?

SOLITUDE.

Puisque je l'ai entendu... comme je vous entends.

J'étais entrée, ce matin, sans faire de bruit. Il était là, devant sa chambre ouverte, parlant à une personne qui était dans l'intérieur, et il lui disait : « Ne t'impatiente pas, ma chère amie, je descends chez le traiteur commander mon déjeuner, et je reviendrai pour te faire belle avec la toilette que j'ai achetée pour toi ! » Est-ce clair?

PANTALON.

Oui, c'est assez clair. Et tu n'as pas idée de qui ce peut être? Tu ne sais pas quelle est la rivale de ma fille? et pour laquelle il a acheté une toilette?

SOLITUDE.

Non. J'avais pensé, d'abord, à la fille du pharmacien à qui vous avez loué la boutique du rez-de-chaussée et puis, ensuite, à l'une de ses écolières... Dame, dans son état, vous comprenez, il en voit tant!

PANTALON.

C'est étrange! D'autant plus que je ne le rencontre pas une seule fois sans qu'il me parle de ma fille. « Quand reviendra-t-elle? Quand nous marierez-vous? »

SOLITUDE.

Quel hypocrite! En attendant, vous avez dû remarquer que, depuis trois semaines, il n'est pas venu plus de deux ou trois fois, le soir, faire votre partie de dominos.

PANTALON.

C'est vrai. Mais j'avais pensé que Colombine n'étant pas là...

SOLITUDE.

Raison de plus pour la remplacer. Il aurait dû venir tous les soirs! Je sais ce que je dis, allez, monsieur Pantalon! Et je vous jure qu'en fait d'observation ou d'espionnage, vous ne trouverez pas ma pareille. Tout le quartier sait à quoi s'en tenir sur mon compte.

PANTALON.

C'est bien ce qui m'effraye un peu.

SOLITUDE, avec colère.

Vous dites?...

SCÈNE III.

LES PRÉCÉDENTS, COLOMBINE, entrant par le fond.

COLOMBINE.

Ah! je vous trouve enfin!

PANTALON.

Ma fille?... te voilà!

COLOMBINE.

Bonjour, père.

PANTALON, l'embrassant.

Te voilà donc enfin, chère enfant!

SOLITUDE.

Quoi, mademoiselle, c'est vous, et vous arrivez...

COLOMBINE.

Par le coche.

SOLITUDE.

Sans nous prévenir?

COLOMBINE.

Que veux-tu! La tante allait beaucoup mieux, le médecin en répondait... alors je n'ai pas pu y tenir, et j'ai décidé de vous surprendre...

PANTALON.

Charmante surprise, ma foi! Embrasse-moi donc encore?

COLOMBINE.

Et puis, comme c'est aujourd'hui le 18, j'ai voulu savoir si M. Léandre avait pensé...

PANTALON.

A ta fête? c'est vrai, c'est aujourd'hui ta fête.

SOLITUDE.

M. Léandre? Vous l'aimez donc toujours?

COLOMBINE.

Mais sans doute.

SOLITUDE, regardant Pantalon avec commisération,

Ah! pauvre enfant!

PANTALON, avec un soupir.

Ah! ma pauvre enfant!

COLOMBINE, étonnée.

Qu'avez-vous donc? qu'y a-t-il? que se passe-t-il?

SOLITUDE, de même.

Hélas!

PANTALON.

Hélas!

COLOMBINE, vivement.

Mais parlez! parlez donc? vous me faites mourir!

SOLITUDE.

Eh bien .. il y a... qu'il ne vous aime plus.

COLOMBINE.

Il ne m'aime plus?

PANTALON.

Il paraît que tu as une rivale, ma pauvre enfant, et qu'il doit en épouser une autre.

COLOMBINE, haussant les épaules.

Une autre? mais c'est imposible.

PANTALON.

C'est Solitude qui le dit, et qui prétend en avoir la preuve.

COLOMBINE.

La preuve ?

SOLITUDE.

Oui, la preuve. Et elle est là, la preuve. (Frappant à la porte de gauche.) Mademoiselle? mademoiselle?

COLOMBINE.

Que fais-tu?

SOLITUDE.

J'appelle la preuve... mais elle ne veut pas répondre, et la porte est fermée. (A Pantalon.) Vous qui gardez toutes les clefs de votre immeuble, vous n'avez pas celle-là. M. Léandre a eu bien soin de la mettre dans sa poche.

COLOMBINE, à Solitude.

Ma rivale est enfermée là, dis-tu?

SOLITUDE.

Sans doute, puisque j'ai entendu ce matin monsieur Léandre qui lui parlait.

COLOMBINE.

Et que répondait-elle?

SOLITUDE.

Rien.

COLOMBINE.

Je ne puis le croire encore! moi qui revenais si heureuse! mon Dieu! mon Dieu!

PANTALON.

Ne te désole pas, ma chère enfant, un mari de perdu, dix de retrouvés !

COLOMBINE, pleurant.

Pas comme Léandre, pas comme Léandre !

PANTALON.

Je t'en trouverai de bien mieux que lui, va !

COLOMBINE.

Oh ! non ! et il ne revient pas ! (Regardant autour d'elle et voyant un papier ouvert sur la table.) Qu'est-ce que cela ? (Elle lit.) « Mémoire des fournitures livrées à M. Léandre par Mme Treillard, rue Vivienne. » (Parlé.) Tiens, c'est ma couturière. (Lisant.) « Chaperon de soie cerise dit : *Petit chaperon rouge* . . . . 18 livres.
Jupe de soie rayée, blanche et rose, et caraco pareil . . . . 42 id.
Fraise ou collerette dégagée . . . . 4 id.
Total. . . . 64 livres.

« Reçu comptant dont quittance. » (Parlé.) Que signifie cela ?

SOLITUDE.

Eh pardi, c'est la toilette qu'il lui a achetée et dont il lui parlait ce matin.

COLOMBINE, avec un soupir.

En tout cas, elle a du goût... elle s'habille presque comme moi. Ah ! mon Dieu ! le doute n'est plus possible ! que faire maintenant ? quel parti prendre ?

SOLITUDE.

Attendez donc, j'oubliais... en sortant de causer avec la fruitière, je suis entrée pour causer chez le traiteur, et le garçon avec qui je causais m'a dit que M. Léandre venait de commander un souper pour deux. On doit le lui monter à huit heures. Votre père ayant retrouvé la clef de la porte condamnée, il faut nous cacher derrière le paravent, et les surprendre.

COLOMBINE.

Oui, c'est cela. Je les surprendrai et je les confondrai !

PANTALON.

Calme-toi, ma chère enfant. Une demoiselle bien née ne doit répondre que par le mépris... (Geste de Colombine.) Eh bien ! oui, si tu y tiens absolument, nous les surprendrons, et nous les confondrons, là!

SOLITUDE.

Ecoutez? on vient. Partez vite! moi, je vais guetter derrière le paravent, et dès qu'ils seront à table, j'irai vous avertir.

COLOMBINE.

C'est cela. Venez, mon père, venez.

(Ils sortent tous les trois par la droite, et l'on voit, de temps en temps, Solitude qui passe la tête en dehors du paravent.)

SCÈNE IV.

LÉANDRE, UN GARÇON DE RESTAURANT.

LÉANDRE entre le premier, un bouquet à la main, et se retourne pour parler au garçon.

Venez, mon ami, par ici! Allez doucement, tenez bien la rampe, et ne renversez rien. (Le garçon paraît et entre.) Attendez, je vais mettre la table au milieu, et vous placerez les plats sur la table. (Il met le couvert avec le garçon qui dispose les plats.) Voilà qui est fait. Allez! vous viendrez chercher les plats demain matin, et je vous donnerai votre pourboire. (Le garçon salue et sort.)

LÉANDRE, seul, après avoir refermé la porte du fond sur le garçon.

Ah! et mon bouquet? Il faut le placer au milieu. (Il met le bouquet dans un vase et le met sur la table servie, puis il approche deux chaises.)

SOLITUDE, passant la tête à gauche du paravent, et regardant.

Là... il met deux chaises. J'en étais sûre! (Elle disparaît.)

LÉANDRE, regardant autour de lui.

Je n'ai rien oublié? non, rien. Allons vite chercher ma bonne amie. (Il prend la clef dans sa poche et entre à gauche.)

SOLITUDE, même jeu que plus haut.

Il va la chercher. Voilà le moment d'aller prévenir mademoiselle Colombine. C'est elle qui fournira le dessert! (Elle sort.)

LÉANDRE, rentrant avec un mannequin habillé comme Colombine, et l'asseyant devant la table servie, le dos tourné au paravent.

Là, es-tu bien, ma bonne amie? oui, tu es bien. Mais, dépêchons-nous, car le dîner refroidit. (Il s'assied en face du mannequin.) Voilà un poulet qui a l'air bien tendre. (Il sert.) A toi l'aile, à moi le pilon. Mais, d'abord, je mange pour Colombine. (Il prend l'assiette du mannequin.) Et puis je mange pour Léandre, car il faut que j'aie de l'appétit pour deux... Oh! je mange si souvent comme quatre!... Pour le vin, ma chère future, il faut le ménager, parce qu'il est excellent, et que je veux le conserver pour ton retour. (Il mange et boit, puis trinque contre le verre du mannequin.)

SCÈNE V.

LÉANDRE à table, COLOMBINE, PANTALON, SOLITUDE.

(Tous les trois sont montés sur des chaises, de sorte qu'on ne voit que leurs têtes émerger du paravent.

SOLITUDE, à demi-voix.

Vous voyez, ils sont à table tous les deux.

PANTALON, à demi-voix.

Elle ne me paraît pas mal.

SOLITUDE, de même.

Oh! si l'on peut dire!...

PANTALON, de même.

Je lui trouve même l'air... distingué, elle se tient très bien.

COLOMBINE, avec colère.

Oh! je ne sais ce qui me tient, moi, de... (Elle fait mine de descendre.)

PANTALON, l'arrêtant.

Ma fille! De la modération! Chut! écoute!

LÉANDRE, au mannequin.

Et ta liqueur favorite que j'ai oubliée : l'anisette? Et c'est aujourd'hui ta fête... mais il est à peine neuf heures, je cours au café en chercher. Ne t'impatiente pas, je reviens tout de suite. (Il sort vivement par le fond.)

6

SCÈNE VI.

COLOMBINE, SOLITUDE, PANTALON.

COLOMBINE.

Comment? c'est aussi sa fête? Elle se nomme donc comme moi. (Elle descend, et quitte le paravent.) A nous deux, maintenant!

PANTALON, la suivant.

Ma fille... de la modération!

COLOMBINE, au mannequin.

C'est donc vous, impudente, qui osez venir effrontément chez mon futur?

PANTALON.

Elle ne répond rien.

COLOMBINE.

Répondrez-vous, péronnelle! (Elle lui donne un soufflet. Le mannequin tombe.) Ah! mon Dieu! Ah! quel bonheur! Léandre est innocent!

SOLITUDE.

C'est impossible!

COLOMBINE.

Mais oui... c'est un mannequin... avec mes habits, mon chapeau. C'est moi, c'est mon portrait.

PANTALON, qui s'est approché.

Elle a raison.

SOLITUDE.

En voilà une invention! Qui aurait jamais deviné une invention pareille!

COLOMBINE.

Ah! que je suis heureuse! Quelle fidélité, quelle tendresse! Ah! j'en pleure de joie!

PANTALON.

Mais que vas-tu faire, maintenant?

COLOMBINE.

Emportez ce mannequin! (Ecoutant.) Le voici qui revient. Vite!

(Pantalon et Solitude emportent le mannequin derrière le paravent Colombine prend la place qu'il occupait.)

SCÈNE VII.

LÉANDRE, COLOMBINE, à table. PANTALON ET SOLITUDE montés sur leurs chaises derrière le paravent.

LÉANDRE, rentrant, un flacon d'anisette à la main.

Je n'ai pas été longtemps, ma chère Colombine, et voici ton anisette. Ah! c'est gentil, cela! Pour la peine, faites vite une risette à votre petit mari? (Colombine lui sourit. — Etonné.) Ah!... on dirait qu'elle m'a souri. (Haussant les épaules.) Ce que c'est, cependant, que l'illusion! Ecoute un peu, ma chère amie... (Il lui prend la main et retire vivement la sienne.) Ah! mon Dieu! en vérité, j'ai cru toucher la vraie main de Colombine! J'en suis tout troublé. Voyons, voyons! (Il verse deux petits verres d'anisette, en place un devant Colombine, et l'autre devant lui; mais au moment où il va boire le verre de Colombine, celle-ci le prend automatiquement et le boit.)

LÉANDRE, se levant, effrayé, et reculant.

Ah! mon Dieu! Je ne rêve pas! j'ai vu... Est-ce le diable?

(Colombine lui tend les bras.)

COLOMBINE.

Léandre, c'est moi.

PANTALON ET SOLITUDE, applaudissant du haut du paravent.

Bravo! bravo! la vraie Colombine.

(Ils descendent et entrent en scène.)

LÉANDRE.

Que vois-je! mon beau-père, Solitude?

COLOMBINE, qui s'est levée.

Et ta Colombine, elle-même, qui ne croira jamais aimer trop le plus fidèle et le plus rare des fiancés! (Elle lui tend la main.)

LÉANDRE.

Ah! quel bonheur!... Beau-père, à quand notre mariage?

PANTALON.

Le lendemain... de la fête de Colombine.

(Musique. — Rideau.)

L'ADROITE PRINCESSE

CHARADE EN TROIS PARTIES

PREMIÈRE PARTIE

LA MÈRE MICHEL

DEUXIÈME PARTIE

L'ADROITE PRINCESSE

TROISIÈME PARTIE

L'OURS ET LES DEUX COMPAGNONS

PREMIÈRE PARTIE

LA MÈRE MICHEL

PERSONNAGES

LA MÈRE MICHEL, rentière.
LE PÈRE LUSTUCRU[1], marchand de vin, restaurateur.
THÉODULE LUSTUCRU, son fils.
EUPHROSINE, nièce de la mère Michel.
MOUMOUTH, personnage muet.

La scène se passe à Bondy.

Une salle de restaurant, chez Lustucru. Porte d'entrée au fond, portes latérales, deux ou trois tables de chaque côté de la porte d'entrée, recouvertes d'une nappe, chaises autour des tables, au-dessus de la porte d'entrée une bande de toile avec ces mots ; *Salon pour deux sans couverts.*

SCÈNE PREMIÈRE.

LUSTUCRU, *seul.*

Il entre vivement par le fond, comme un homme poursuivi, portant sous son bras une corbeille d'osier, recouverte d'un tablier.

Personne ne m'a vu ! Le crime est accompli ! Et, c'est singulier, je n'éprouve pas le moindre remords. (Il soulève un des coins du tablier et regarde dans la corbeille.) Il dort

[1] Lustucru et son fils doivent porter le costume de patronnets ; béret de calicot blanc, veste blanche, tablier, et couteau à découper, dans sa gaine, passé dans la ceinture du tablier. Pantalon de couleur, à volonté, et escarpins.

toujours, c'est parfait. Mais, maintenant, qu'est-ce que je vais en faire de cet animal-là? Où le cacher? Où le mettre pour le soustraire à tous les yeux, et surtout aux yeux de la mère Michel? Eh! parbleu! dans la cave. (S'arrêtant.) Oui, mais il est certain que cette affreuse bête, quand elle se réveillera, va se mettre à miauler — suivant l'habitude de ses pareilles — et on l'entendra par le soupirail — la voix monte. Non, décidément, je vais fourrer M. Moumouth dans l'armoire au linge. (Effrayé et cachant la corbeille derrière son dos.) Hein ! qui vient là? (Se rassurant.) Ah ! c'est Théodule, mon fils unique, et d'autant plus unique que je n'en ai pas d'autre.

SCÈNE II.

THÉODULE, LUSTUCRU.

THÉODULE.

Ah! c'est vous, p'pa. Je vous cherchais. C'est le père Lestiboudois, de Suresnes, qui vous apporte une pièce de saint-émilion première.

LUSTUCRU.

Ah! bon, je sais. C'est de sa récolte de l'année dernière.

THÉODULE.

Tiens, qu'est-ce que vous faites donc là, avec cette corbeille?

LUSTUCRU, regardant autour de lui.

Chut ! (Avec solennité.) Théodule, je viens de faire un coup d'État.

THÉODULE.

Ah ! bah ! Et vous l'avez mis dans une corbeille ?

LUSTUCRU, *de même.*

Théodule, ô mon fils, ô mon bien suprême, puisque tu es appelé à me succéder un jour, je ne veux rien avoir de caché pour toi. Je vais te laisser lire dans le cœur d'un père... et d'un restaurateur que l'ambition dévore. Tu vas connaître mes projets et mes espérances.

THÉODULE.

Je vous écoute, papa.

LUSTUCRU, *après avoir déposé la corbeille sur une chaise.*

Quand je suis venu m'établir ici, à Bondy, j'étais le seul restaurateur de l'endroit, et tous les Parisiens qui venaient dîner à la campagne me donnaient la préférence. Un jour... jour funeste, un confrère est venu s'établir en face, et me faire une concurrence que je ne qualifierai pas. Mon enseigne porte : *A la renommée de la matelotte ;* il mit audacieusement sur la sienne : *A la renommée de la gibelotte.*

THÉODULE, *avec fierté.*

Mais il me semble que notre vieille renommée, celle de la matelote, n'a rien à envier à la renommée de la gibelotte.

LUSTUCRU.

Si, Théodule, hélas, si ! Je lui envie, moi, ses deux marronniers, car la gibelotte, cette parvenue, possède un bout de jardin, avec deux marronniers. Et il y a quatre tables sous ces deux marronniers. Or, retiens bien ceci, mon fils : quand le Parisien vient à Bondy pour dîner en plein air, s'il ne voit pas une araignée descendre, au bout de son fil, dans son assiette, il ne se croit pas à la campagne, et il n'est pas content.

THÉODULE.

Mais nous avons, nous, ce beau salon, pour deux cents couverts, où on peut tenir quarante en se serrant un peu.

LUSTUCRU.

Ce beau salon n'est pas en plein air. Ce qu'il fallait découvrir, c'était un équivalent aux deux marronniers.

THÉODULE.

Qu'avez-vous fait, alors?

LUSTUCRU.

J'ai été trouver notre voisine, la mère Michel.

THÉODULE.

C'est vrai. Elle a un petit jardinet...

LUSTUCRU, *continuant.*

Dans lequel s'épanouissent quatre acacias-boule. Fais attention à ceci, Théodule, quatre acacias sous lesquels on peut mettre huit tables en plein air. Et il suffirait d'ouvrir une porte de communication, là. (*Il indique la gauche.*)

THÉODULE.

Eh bien! Qu'a répondu la mère Michel?

LUSTUCRU.

Elle m'a répondu — avec dignité — que son jardin n'était ni à vendre ni à louer.

THÉODULE.

Une ancienne portière! ça fait pitié!

LUSTUCRU.

Parce qu'elle a eu la chance d'hériter de trois mille livres de rentes...

THÉODULE.

Et une portière de la rue des Fossés-Saint-Bernard, encore !

LUSTUCRU.

Une maison avec une porte bâtarde ! Pas même une porte cochère ! Aussi, je ne me suis pas tenu pour battu, et, pas plus tard qu'hier, je suis retourné chez elle et j'ai brûlé mes vaisseaux.

THÉODULE, *riant.*

Ça valait mieux que de brûler vos sauces, papa.

LUSTUCRU.

Je lui ai dit que tu étais très épris de Mlle Euphrosine, sa nièce, qui demeure avec elle.

THÉODULE, *étonné.*

Moi, papa?

LUSTUCRU.

Toi, Théodule. Je lui ai dit que tu dépérissais à vue d'œil.

THÉODULE, *protestant.*

Mais non, papa, je ne dépéris pas du tout.

LUSTUCRU.

Tais-toi donc! J'ai ajouté : Votre nièce a dix-huit ans, elle est bien élevée ; elle sait lire, écrire et calculer; c'est la femme qu'il faut à mon fils. Voyez comme elle ferait bien dans un comptoir?

THÉODULE, *avec complaisance.*

Oh ! pour ça, oui, elle ferait bien dans un comptoir.

LUSTUCRU.

Tu vois. J'ai encore ajouté : Voyez comme elle ferait bien les additions !

THÉODULE, de même.

Oh ! pour ça, oui, elle ferait bien les additions !

LUSTUCRU.

Tu vois. Bref, j'ai demandé pour toi la main de Mlle Euphrosine, en assurant la mère Michel que, pour toute dot, nous nous contenterions du petit jardin aux acacias, avec la porte de communication, bien entendu.

THÉODULE.

Et alors ?

LUSTUCRU.

Elle a encore refusé !

THÉODULE.

Oh ! c'est trop fort !

LUSTUCRU.

Oui, elle a refusé d'assurer ainsi l'avenir de sa nièce, et de faire votre fortune, mes pauvres enfants ! Et pourquoi ?

THÉODULE.

Oui, pourquoi ?

LUSTUCRU.

Eh bien ! je vais te le dire pourquoi. Parce qu'elle n'aime, au monde, qu'un être privilégié qui appartient à la race des quadrupèdes, et qui répond au nom de Moumouth. M. Moumouth a pris l'habitude de se prélasser, au soleil, sous les acacias, et les clients dérangeraient M. Moumouth.

THÉODULE.

Oh! cela crie vengeance!

LUSTUCRU, mystérieusement et dramatiquement.

Eh bien! Théodule, nous sommes vengés!

THÉODULE, de même et vivement.

Que dites-vous?

LUSTUCRU, de même.

Je dis que, profitant de l'absence de la mère Michel, je me suis glissé...

THÉODULE, de même.

Achevez?

LUSTUCRU, de même.

Le tyran à quatre pattes dormait dans sa corbeille...

THÉODULE.

O ciel!

LUSTUCRU.

Je m'en suis emparé...

THÉODULE, montrant la corbeille.

J'ai compris! Il est là?

LUSTUCRU, affirmativement.

Il est là!

(Vivement, l'un après l'autre, et se mettant dos à dos, comme des gens qui craignent d'être surpris.)

Chut! chut!

THÉODULE, reprenant son ton ordinaire.

Et que comptez-vous en faire, maintenant?

LUSTUCRU.

Le cacher à tous les yeux jusqu'à ce que la mère Michel, affolée, vienne me proposer une récompense... honnête pour l'aider à le retrouver.

THÉODULE.

Alors...

LUSTUCRU.

Alors je lui jurerai de retrouver, coûte que coûte, sa vilaine bête, et je m'engagerai à la lui rendre... à une condition.

THÉODULE.

A la condition qu'elle m'accordera la main de sa nièce ?

LUSTUCRU.

Justement. Et je lui donnerai jusqu'à ce soir, onze heures, pour se décider.

THÉODULE, *étonné.*

Pourquoi onze heures ?

LUSTUCRU, *tragiquement.*

Parce que si elle refuse, c'est à cette heure-là que je ferai avaler à son Moumouth un petit bouillon dont elle me dira des nouvelles !! Nous n'aurons pas le jardinet, mais le tyran aura vécu. (*Changeant de ton.*) Va vite mettre l'animal dans l'armoire au linge.

THÉODULE, *qui a pris la corbeille, et s'arrêtant.*

Tiens ! c'est Mlle Euphrosine.

SCÈNE III.

LES PRÉCÉDENTS, EUPHROSINE.

EUPHROSINE, *entrant.*

Ah ! bonjour, monsieur Lustucru. Bonjour, monsieur Théodule.

THÉODULE, *saluant.*

Mademoiselle...

LUSTUCRU, *bas à Théodule.*

Cache donc la corbeille ! (*Théodule la met derrière son dos.*)

EUPHROSINE, *à Lustucru.*

Je venais savoir si vous ne pourriez pas me donner des nouvelles de Moumouth. Depuis ce matin il a disparu, et ma tante le cherche partout.

LUSTUCRU, *feignant de chercher.*

Moumouth ? Attendez donc... Ah ! bon ! j'y suis. Non, mademoiselle, non ; le favori de votre tante n'est pas venu miauler par ici.

EUPHROSINE.

Ah ! c'est dommage ! En entrant, j'ai vu cette corbeille ; et comme elle ressemble à celle de ma tante, j'avais espéré...

LUSTUCRU, *embarrassé.*

Ah ! oui... cette corbeille... le fait est qu'elle ressemble... mais non, mademoiselle, non. (*Cherchant ses mots.*) C'est... une tarte... à la frangipane... n'est-ce pas, Théodule ?

THÉODULE.

A la frangipane, oui, papa.

LUSTUCRU, *de même.*

Pour M. l'adjoint.

EUPHROSINE.

Mais il est mort la semaine dernière.

LUSTUCRU, *de même.*

Précisément. Non... c'est-à-dire : pour son successeur.

EUPHROSINE.

Ah ! il est déjà nommé?

LUSTUCRU.

Il est déjà nommé... et il donne un grand dîner pour fêter sa nomination.

EUPHROSINE.

Je comprends.

LUSTUCRU, à part.

Elle a de la chance ! (Haut à Théodule.) Va vite porter la tarte chez M. l'adjoint... par là... par la petite porte. (Bas.) V'lan ! dans l'armoire au linge !

(Théodule sort par la droite en emportant la corbeille.)

SCÈNE IV.

LUSTUCRU, EUPHROSINE.

EUPHROSINE.

Allons ! Je retourne à la maison, et bien contrariée, monsieur Lustucru. Si vous saviez dans quel état est ma pauvre tante ! J'aurais été si heureuse de lui apporter une bonne nouvelle !

LUSTUCRU.

Se mettre dans des états pareils... et pour un animal domestique ! Est-ce là du bon sens, je vous le demande? Je parie que cette vieille folle...

EUPHROSINE, d'un ton de reproche.

Oh ! monsieur Lustucru?

LUSTUCRU, s'excusant.

Pardon, c'est juste. (Même ton.) Je parie que cette

vieille folle ne se mettrait pas dans ces états-là, s'il s'agissait de vous?

EUPHROSINE.

Oh! elle m'aime bien aussi, mais ce n'est pas la même chose.

LUSTUCRU.

C'est ce que je disais : ce n'est pas la même chose.

EUPHROSINE, fausse sortie.

Je vous demande pardon de vous avoir dérangé ; mais, en qualité de voisine, je me suis permis de venir chez vous...

LUSTUCRU.

Et vous avez bien fait. On perd quelque chose, n'est-ce pas, et on se dit : c'est peut-être tombé chez le voisin? Et alors on va voir chez le voisin, c'est tout naturel.

LA VOIX DE LA MÈRE MICHEL, appelant au dehors.

Moumouth? viens, Moumouth? Viens, mon cher Moumouth?

EUPHROSINE, s'arrêtant.

Écoutez!

LUSTUCRU, chantant.

« C'est la mèr' Michel qui a perdu son chat,

EUPHROSINE, de même.

« Qui cri' par la fenêtr' qu'est-c' qui lui rendra.

LUSTUCRU, de même.

« Le pèr' Lustucru
« Lui a répondu :

(S'approchant de la porte au fond.)

« Allez, la mèr' Michel, vot' chat n'est pas perdu.

THÉODULE qui vient d'entrer par la droite, allant au fond et criant.

« Il est sur la gouttièr' qui fait la chasse aux rats,
« Allez, la mèr' Michel, vot' chat vous reviendra! »

LUSTUCRU ET THÉODULE, riant.

Ah! ah! ah! ah!

(Ils redescendent.)

SCÈNE V.

EUPHROSINE, LUSTUCRU, THÉODULE,
puis LA MÈRE MICHEL[1].

EUPHROSINE.

Voulez-vous bien ne pas rire! Si ma tante vous entendait... (Regardant.) Eh! justement, c'est elle... la voici.

LA MÈRE MICHEL, entrant vivement et avec volubilité.

Il n'est pas perdu, dites-vous? Vous l'avez entendu? vous l'avez vu? Où est-il, ce cher trésor?

LUSTUCRU.

Hélas! non, mère Michel, nous ne l'avons ni vu ni entendu. Votre nièce vient de nous apprendre la perte douloureuse que vous avez faite, et nous ne pouvons que compatir.

THÉODULE.

Croyez bien que nous compatissons, mère Michel. Oh! oui ; n'est-ce pas, mademoiselle Euphrosine, que nous compatissons?

[1] Type de vieille portière. Ce rôle doit être joué par un homme.

LA MÈRE MICHEL.

Mais où peut-il être? Lui qui a des habitudes si régulières, qui est si sédentaire et si rangé? Oh! il est si beau qu'on me l'aura volé.

LUSTUCRU.

Mère Michel, je vous dirai, en confidence, que je suis de votre avis. Moi aussi, je crois qu'on vous l'a volé. Non pas parce qu'il est beau, votre angora, mais parce qu'il est bien nourri, gros et gras.

LA MÈRE MICHEL.

Je ne vous comprends pas, père Lustucru?

LUSTUCRU, à demi-voix.

Écoutez, mère Michel, il m'est venu un soupçon.

LA MÈRE MICHEL.

Un soupçon?

EUPHROSINE.

Un soupçon, parlez?

LUSTUCRU, de même.

Eh bien!... je me défie de notre voisin, le gargotier d'en face. Quelle est son enseigne?

LA MÈRE MICHEL.

A la renommée de la gibelotte.

THÉODULE.

Voilà! Et avec quoi fait-on des gibelottes, mère Michel?

LA MÈRE MICHEL.

Mais avec des lapins, il me semble.

LUSTUCRU.

Eh! eh! pas toujours, pas toujours.

THÉODULE.

On en fait quelquefois avec des chats.

LA MÈRE MICHEL.

O ciel! que dites-vous?

LUSTUCRU.

On a commandé un repas de corps, au voisin, pour dimanche, un repas de soixante couverts. Théodule le sait.

THÉODULE.

Oui, papa, c'est toute une loge maçonnique.

LUSTUCRU.

Or, suivez bien mon raisonnement; combien faut-il de lapins pour une gibelotte de soixante couverts?

THÉODULE.

Au moins vingt.

LUSTUCRU.

Vous l'entendez? au moins vingt. Qui nous dit, alors, que le voisin a pu se procurer autant de lapins dans le pays? Qui nous dit, s'il ne les a pas trouvés, qu'il n'a pas remplacé les lapins par quelques matous gros et gras?

LA MÈRE MICHEL, *vivement.*

Grand Dieu! vous supposeriez...

EUPHROSINE, *de même.*

Vous pourriez croire...

LUSTUCRU.

Dame... à défaut de grives, on se contente de merles. Et je sais, par expérience, qu'avec une bonne sauce...

LA MÈRE MICHEL, *levant les bras au ciel.*

Mais ce serait un crime!

LUSTUCRU.

Un crime pour vous, pas pour lui. Tenez, ce matin, comme je prenais l'air à ma fenêtre, j'ai cru voir le chef du voisin — car il a un chef, l'intrigant! — qui regardait du côté de votre maison et qui faisait des signes...

LA MÈRE MICHEL.

Des signes? à qui? à qui?

LUSTUCRU.

Ah! je ne sais pas. C'est une supposition que je fais; peut-être bien à votre angora. Il l'aura attiré par quelques caresses et quelques chatteries — c'est le cas de le dire — Moumouth est un animal doux, confiant et sensible, qui l'aura suivi sans défiance... le chef s'en sera emparé...

LA MÈRE MICHEL, *avec éclat.*

Pour dimanche?

LUSTUCRU, *affirmativement.*

Pour dimanche.

LA MÈRE MICHEL.

Horreur!

LUSTUCRU.

Mon Dieu, ne vous alarmez pas, mère Michel. Je vous le répète, c'est une supposition que je fais.

LA MÈRE MICHEL.

Mais c'est un vol, un rapt, un abus de confiance! Oh! je cours me plaindre à l'autorité!

LUSTUCRU.

L'autorité, l'autorité... elle vous demandera si vous avez des preuves?

LA MÈRE MICHEL.

Des preuves!... mais...

LUSTUCRU, l'interrompant.

Elle vous demandera si vous avez pris le voisin sur le fait?

LA MÈRE MICHEL.

Non, mais puisque vous avez vu, ce matin...

LUSTUCRU.

Ça ne suffit pas. Il faut prendre le coupable sur le fait, et maintenant il est trop tard! Croyez-moi, mère Michel, il vaudrait mieux opposer la ruse à la ruse, et agir avec diplomatie. La diplomatie, c'est mon fort.

THÉODULE.

Ça, c'est vrai. La diplomatie, c'est le fort de papa.

LA MÈRE MICHEL.

Mais comment? Que comptez-vous faire?

LUSTUCRU.

A deux pas d'ici, moi aussi j'ai un jardin. Dans ce jardin il y a un clapier, et dans ce clapier de fort beaux lapins. J'en choisis un — n'est-ce pas? — je me rends chez le voisin, et adroitement, je propose un échange. Je le prends par les sentiments, je lui promets le secret, et il me rend Moumouth.

EUPHROSINE.

Excellente idée!

LA MÈRE MICHEL, s'essuyant les yeux.

Ah! je suis tout attendrie! Ah! père Lustucru, si vous faites cela, croyez que ma reconnaissance...

LUSTUCRU.

Allons donc! Histoire de vous obliger, voilà tout.

LA MÈRE MICHEL.

Allez vite!

LUSTUCRU.

J'y cours. (S'arrêtant.) Ah ! mais, non ! Impossible!

LA MÈRE MICHEL, inquiète.

Impossible ?

LUSTUCRU.

Nous ne sommes pas très bien ensemble. Nous sommes même en délicatesse avec le voisin.

LA MÈRE MICHEL.

Eh bien?

LUSTUCRU.

A quel titre me présenter chez lui? Il me dira : « Est-ce que ce sont vos affaires? Mêlez-vous de ce qui vous regarde. » Et il ne voudra entendre à rien.

THÉODULE.

C'est vrai.

EUPHROSINE.

C'est vrai.

LUSTUCRU, avec intention.

Ah ! si nous étions seulement un peu parents, mère Michel? Si j'étais tout bonnement votre frère, votre neveu, votre cousin ou même votre allié... ma démarche pourrait se justifier... je ne me présenterais pas comme un étranger et je pourrais parler avec autorité.

LA MÈRE MICHEL.

Que faire alors? Que faire?

EUPHROSINE.

Cherchons autre chose.

LUSTUCRU.

Oh! vous ne trouverez pas mieux, allez!

LA MÈRE MICHEL, qui cherchait.

Ah! Écoutez! Père Lustucru, vous m'avez demandé, hier, la main de ma nièce pour votre fils. Eh bien! si vous me rendez Moumouth, je vous la donne.

THÉODULE.

Vrai! Vous consentiriez...

EUPHROSINE.

Vous consentiriez, ma tante?

LA MÈRE MICHEL.

Foi de mère Michel!

LUSTUCRU, à part, avec joie.

Allons donc! Ce n'est pas sans peine! (Haut.) Mère Michel, après un pareil sacrifice de votre part, je suis prêt à tout. Dans cinq minutes vous embrasserez Moumouth, ou j'aurai vécu! (Il sort vivement par la droite.)

SCÈNE VI.

THÉODULE, EUPHROSINE, LA MÈRE MICHEL.

LA MÈRE MICHEL, agitée et arpentant la scène.

Eh! quoi! Cet indigne gargotier d'en face aurait osé porter la main sur mon angora? Dans quel temps vivons-nous!

THÉODULE, la suivant.

Du calme, mère Michel, du calme.

LA MÈRE MICHEL, de même.

Mais à quoi sert d'avoir un gouvernement, je vous le demande? A quoi sert de payer des impôts qui vont toujours en augmentant, pour voir des atrocités pareilles !

EUPHROSINE, de même.

Pas de nerfs, ma tante, vous allez vous rendre malade.

LA MÈRE MICHEL.

Et Lustucru qui ne revient pas!... Oh ! Dieu ! s'il était arrivé trop tard... si le crime était déjà consommé ! Ah ! je crois que je vais me trouver mal !

THÉODULE, la soutenant.

Eh ! là... calmez-vous, remettez-vous? Songez au zèle, au dévouement de mon père? Il réussira, mère Michel, il réussira.

LA VOIX DE LUSTUCRU, au dehors.

Victoire!

THÉODULE.

Et tenez ! Il a réussi.

SCÈNE VII.

LES PRÉCÉDENTS, LUSTUCRU, portant la corbeille.

LUSTUCRU.

Victoire ! mère Michel, voici votre angora, sain et sauf! (Il lui remet la corbeille.)

LA MÈRE MICHEL.

Oh ! quel bonheur ! Ce cher trésor ! Il y a si longtemps que je l'ai embrassé ! (Elle soulève le tablier et embrasse son chat.) Dans mes bras, père Lustucru, dans mes bras! (Embrassade comique.) Et comme je n'ai qu'une parole, la main de ma nièce est à vous. (Montrant Théodule.) Ou plutôt : à lui.

THÉODULE.

Merci, ma tante.

LUSTUCRU.

Et nous ferons la noce dans le petit jardinet aux acacias.

(Musique. — Rideau.)

DEUXIÈME PARTIE

L'ADROITE PRINCESSE

PERSONNAGES

Le sire de CASTELMOISI.
Le prince de RICHE-CAUTÈLE.
NONCHALANTE, BABILLARDE, FINETTE — filles de Castelmoisi.

La scène se passe au moyen âge.

Un salon élégant, dans le genre gothique. Porte principale au fond, petite porte à droite, une porte-fenêtre à gauche, ouvrant censément sur une terrasse que l'on ne voit pas, ameublement de l'époque.

SCÈNE PREMIÈRE.

CASTELMOISI, BABILLARDE, FINETTE.

CASTELMOISI, *paraissant le premier.*

Venez, mes filles, par ici, entrez, et écoutez-moi bien.

BABILLARDE, *avec volubilité.*

Oui, petit père; oui, cher petit père, nous vous écoutons ; mais nous vous écoutons bien essoufflées, car vous nous avez fait monter si longtemps, et si haut... Laissez-nous respirer un moment, et, quand vous aurez parlé, vous nous trouverez toujours prêtes à vous obéir, comme doivent le faire des filles soumises et bien élevées.

CASTELMOISI.

Ouf! Je ne sais pas si tu es aussi essoufflée que tu veux bien le dire, ma chère Babillarde, mais, en tout cas, il n'y paraît guère. A propos, où donc est Nonchalante? Je ne vois pas Nonchalante?

FINETTE.

Elle est restée en route, en disant que vous montiez trop vite et qu'elle n'en pouvait plus!

CASTELMOISI.

Je la reconnais bien là.

BABILLARDE.

Toujours la même, Nonchalante, toujours la dernière, toujours en retard, jamais prête; et il faut passer sa vie à l'attendre! S'agit-il d'une partie de plaisir, on est sûre...

CASTELMOISI, l'interrompant.

Babillarde, mon enfant, si tu voulais bien me prêter un peu d'attention en fermant la bouche, tu m'obligerais infiniment. Quant à Nonchalante, je n'ai pas le temps de l'attendre, et vous lui répéterez mes instructions.

FINETTE.

Oui, mon père; je m'en charge.

CASTELMOISI.

Or donc, mes chères filles, je vais partir pour la Palestine, et ne sais quand en reviendrai.

FINETTE et BABILLARDE, ensemble.

O mon père!

CASTELMOISI.

Rassurez-vous ; mon intention bien arrêtée est d'en revenir, et le plus tôt possible, car ce n'est pas pour mon plaisir que je vais prendre Jérusalem.

BABILLARDE.

Alors, pourquoi partez-vous?

CASTELMOISI.

Parce que j'y suis forcé. Le puissant roi, mon voisin, s'est croisé, et comme je suis son vassal, il faut, sous peine de félonie, que je me croise avec lui. Je dois joindre mes 36 lances à ses 218 lances, car c'est un haut et puissant seigneur qui a 184 lances de plus que moi.

FINETTE, le reprenant.

182. Qui de 218 ôte 36, reste 182.

CASTELMOISI.

182, tu crois? C'est possible. Je continue... (Voyant entrer Nonchalante qui se traine péniblement.) Ah! voilà enfin Nonchalante. Eh! arrive donc, toi!

SCÈNE II.

LES PRÉCÉDENTS, NONCHALANTE.

NONCHALANTE.

Vous alliez si vite, si vite, que je n'ai pas eu la force de vous suivre. Quelle ascension! Ah! je ne me soutiens plus! (Elle se laisse tomber sur un fauteuil.)

CASTELMOISI.

C'est ça, repose-toi; que tu m'écoutes debout ou

assise, cela m'est parfaitement égal, pourvu que tu m'écoutes. Je continue : Or çà, mes chères filles, en mon absence, je serais dévoré d'inquiétude si je ne prenais toutes les précautions possibles pour assurer votre sécurité. J'ai donc décidé, dans ma sollicitude, de vous enfermer en haut de cette tour.

FINETTE.

Nous enfermer? Toutes seules?

CASTELMOISI, *affirmativement.*

Toutes seules.

BABILLARDE, *protestant.*

Mais vous n'y songez pas, petit père. Ce n'est pas possible, car nous n'aurions plus personne à qui parler, et ce serait à mourir d'ennui !

NONCHALANTE.

Il faudrait alors nous servir nous-mêmes. C'est inadmissible.

FINETTE.

Et qui nous donnera à boire et à manger?

CASTELMOISI.

Attendez un moment, donc, et vous verrez que j'ai songé à tout. Je n'ai pas l'intention, évidemment, de vous laisser mourir de faim, et c'est de votre nourriture que je me suis occupé tout d'abord. (*Montrant la porte-fenêtre de gauche.*) Cette porte-fenêtre ouvre sur la terrasse de la tour. Sur cette terrasse, j'ai fait élever une poulie, sur cette poulie glisse une corde, et au bout de cette corde est attaché un corbillon.

BABILLARDE.

Et dans ce corbillon, qu'y mettra-t-on?

CASTELMOISI.

Des jambons, des saucissons, des pigeons, des bonbons, et toutes sortes de provisions. Quand vous désirerez quelque chose, vous ferez descendre le corbillon, et mon maître d'hôtel y déposera tout ce que vous demanderez. Vous voyez donc que vous ne manquerez de rien.

NONCHALANTE.

Nous ne manquerons de rien à la condition de nous servir nous-mêmes, et quant à moi, je n'en aurai jamais la force.

FINETTE.

Mais pourquoi tant de précautions, mon père? il me semble...

CASTELMOISI, *l'interrompant*.

Il te semble mal, parce que je ne vous ai pas tout dit. Quand j'aurai tout dit, il ne te semblera plus. Sachez donc que le prince de Riche-Cautèle m'a défié.

FINETTE.

Le prince de Riche-Cautèle ?

CASTELMOISI.

Ce petit hobereau qui habite le castel de la Roche-Moussue — à côté du moulin à vent. — Il est venu, ces jours derniers, me demander la main de l'une de vous trois.

ENSEMBLE, *vivement*.

De laquelle, papa ?

CASTELMOISI.

De laquelle ? Précisément, c'est ce que j'ai eu l'honneur de lui demander à mon tour. Et savez-vous ce qu'il a eu l'audace de me répondre ?

ENSEMBLE.

Parlez, papa, parlez ?

CASTELMOISI.

Il m'a répondu qu'il ne pouvait se prononcer et choisir entre vous, avant de vous connaître.

FINETTE.

Il me semble que c'est assez naturel.

CASTELMOISI, indigné.

Naturel !

FINETTE, continuant.

Il me semble que le mariage est une chose assez sérieuse pour qu'on ne se marie pas les yeux fermés.

CASTELMOISI.

Oui dà ! Eh bien, ce qui me paraît naturel, à moi, c'est qu'un père, quand il est affligé... (Se reprenant) favorisé de trois filles, doit toujours s'arranger pour marier l'aînée avant les deux autres. Tous les pères de famille seront de mon avis.

FINETTE.

Alors si le prince de Riche-Cautèle vous avait demandé la main de Nonchalante, sans la connaître...

CASTELMOISI.

Je lui aurais dit : « Topez là ! » et c'était une affaire conclue.

FINETTE.

Mais je ne vois pas, dans tout cela, en quoi ce jeune seigneur vous a défié ?

CASTELMOISI.

Vous allez en juger, car voici les propres paroles qu'il m'a adressées en me quittant : « Vous y mettez de l'entêtement, noble sire, mais moi aussi je suis entêté ; et je parie qu'en votre absence je trouverai le moyen de connaître vos filles malgré vous ! »

FINETTE.

C'est une menace, en effet, qui...

CASTELMOISI, continuant.

Qui vous explique le luxe de précautions dont j'ai cru devoir vous entourer. Donc, porte close ! Méfiez-vous des toques de velours et des pourpoints de satin, et ne laissez personne pénétrer ici en mon absence.

BABILLARDE.

Soyez tranquille, papa, pour mon compte je puis vous jurer...

CASTELMOISI, l'interrompant.

Assez ! Ça suffit. L'heure s'avance et je vais vous faire mes adieux. *Joyeuse*, ma jument isabelle, hennit sous le balcon, et le moment est venu de l'enfourcher. Or, je ne l'enfourche jamais sans une certaine appréhension, ma jument *Joyeuse*, car elle est joliment sur l'œil.

BABILLARDE, sans comprendre.

Sur l'œil, papa?

CASTELMOISI.

C'est une expression hippique qui veut dire : ombrageuse. *Joyeuse* est ombrageuse. Tiens, ça rime... mais ça ne me rassure pas. Allons, souhaitez-moi bon voyage, et embrassez-moi !

ENSEMBLE, l'embrassant.

Bon voyage, petit père, et au revoir.

CASTELMOISI, après les avoir embrassées, en sortant.

Surtout soyez bien sages ! (Il disparait.)

SCÈNE III.

FINETTE, BABILLARDE, NONCHALANTE.

FINETTE, *qui a écouté au fond, redescendant.*

Il est parti.

BABILLARDE.

Et nous voilà seules, décidément, bien seules. Personne à qui parler!

NONCHALANTE.

Personne pour nous servir!

BABILLARDE.

Dis donc, Finette, est-ce que c'est loin la Palestine?

FINETTE.

Oh! très loin, très loin.

BABILLARDE.

Alors papa n'est pas près de revenir?

FINETTE.

Y songes-tu? Nous pourrons nous estimer heureuses si nous le revoyons d'ici à deux ou trois ans.

BABILLARDE.

Tant que ça! Oh! que c'est long! Et qu'allons-nous devenir pendant tout ce temps-là? Voyons, aujourd'hui d'abord, qu'est-ce que nous pourrions bien faire?

FINETTE.

On trouve toujours à s'occuper, quand on le veut. N'avons-nous pas nos fuseaux, nos broderies?

NONCHALANTE.

Filer? Quelle distraction! J'aime mieux essayer de dormir.

BABILLARDE.

Moi, je vais relire le roman de *la Rose*.

FINETTE.

Et moi, je vais broder.

UNE VOIX NASILLARDE ET CHEVROTANTE se faisant entendre au dehors, censément au pied de la tour.

Air : DU COMTE ORY

Nobles damoiselles,
Sensibles et belles (*bis*).
Faites charité ?
Je suis vieille et lasse.
Donnez-moi par grâce (*bis*)
L'hospitalité.

BABILLARDE et NONCHALANTE, qui ont écouté.

Qu'est-ce que cela ?

FINETTE qui, pendant le chant, a été prendre sa broderie, s'est assise et brode.

C'est quelque vieille mendiante qui implore votre charité. Jetez-lui quelque monnaie, et elle s'en ira.

BABILLARDE.

Allons vite la voir et lui parler. Viens-tu, Nonchalante ?

NONCHALANTE, à demi couchée dans un fauteuil, se levant péniblement.

Me voici.

(Elles sortent par la gauche.)

SCÈNE IV.

FINETTE seule, assise et brodant.

Mon père, le noble sire, en est resté aux us et coutumes du bon vieux temps. Il croirait ternir le blason de ses aïeux, s'il ne mariait pas l'aînée de ses filles avant les deux autres. Le droit d'aînesse, avant tout, et toujours. Mais ce que je ne m'explique pas, c'est la forfanterie de ce jeune prince qui, en l'absence de notre père, s'est vanté d'arriver à nous connaître, mes sœurs et moi? Je suis curieuse de savoir comment il s'y prendra maintenant pour pénétrer jusqu'ici.

SCÈNE V.

FINETTE, NONCHALANTE, BABILLARDE
et le PRINCE DE RICHE-CAUTÈLE enveloppé dans une mante de vieille femme, et dont le capuchon est rabattu sur les yeux.

BABILLARDE, à Riche-Cautèle.

Par ici, ma bonne vieille, par ici. Nous avions justement besoin d'une femme de ménage.

FINETTE, se levant.

Qu'y a-t-il ? (A Babillarde et Nonchalante.) O ciel ! Qu'avez vous fait? Malgré la défense de votre père...

NONCHALANTE.

Nous avons hissé la bonne femme dans le corbillon.

BABILLARDE, faisant le geste.

Oh ! hisse ! Et la voilà.

RICHE-CAUTÈLE, l'imitant.

Oh ! hisse ! (Rejetant sa mante, son capuchon, et paraissant en costume de cavalier.) Et le voilà !

BABILLARDE ET NONCHALANTE s'enfuyant par le fond, en jetant un cri de frayeur.

Ah ! ah !

SCÈNE VI.

RICHE-CAUTÈLE, FINETTE.

RICHE-CAUTÈLE, riant.

Ah ! ah ! ah ! (Étonné, en voyant Finette immobile.) Eh ! quoi ? vous restez, noble damoiselle ? vous ne vous enfuyez pas aussi ? Je ne vous fais donc pas peur ?

FINETTE.

Pourquoi me feriez-vous peur, prince ? Une femme qui se respecte elle-même est toujours sûre de se faire respecter par les autres.

RICHE-CAUTÈLE.

Prince ? Vous me connaissez donc ?

FINETTE.

Non, mais je devine qui vous êtes.

RICHE-CAUTÈLE.

Alors, je me présente. (Saluant.) Le prince de Riche-Cautèle, vingt-six ans ; douze villages, quatre cent cinquante manants, vingt-deux fermes et trente prairies arrosées par plusieurs rivières. Comme résidence, un château fort, dit de La Roche moussue...

FINETTE, *continuant.*

Situé près du moulin à vent.

RICHE-CAUTÈLE.

C'est cela même. Or, sur les instances de ma noble mère qui briguait l'alliance de son haut et puissant voisin, le Sire de Castelmoisi, j'ai été aux informations. Quand on brigue une alliance, il est d'usage de prendre des informations. On m'a répondu : Le Sire de Castelmoisi a trois filles, toutes trois jolies. L'aînée se nomme Nonchalante et elle est paresseuse comme une couleuvre ; la puînée s'appelle Babillarde et elle est bavarde comme une pie ; et la troisième, Finette, a la réputation d'une princesse accomplie.

FINETTE, *avec ironie.*

On est bien honnête.

RICHE-CAUTÈLE.

Fort de ces précieux renseignements, je me suis fait annoncer chez monsieur votre père et lui ai demandé la faveur d'être présenté aux princesses, ses filles, afin de vérifier par moi-même la justesse des informations que j'avais recueillies...

FINETTE, *continuant.*

Et comme il se refusait à cette présentation, vous lui avez dit : « Moi aussi je suis entêté, et, en votre absence, je parie que je trouverai le moyen de connaître vos filles, malgré vous. »

RICHE-CAUTÈLE.

Eh bien ! n'ai-je pas tenu parole ?

FINETTE.

Oui, votre ruse a réussi.

RICHE-CAUTÈLE.

Pas complètement.

FINETTE.

Comment cela?

RICHE-CAUTÈLE.

Je me suis démasqué trop tôt, et les princesses ont fui si vite, que j'ai eu à peine le temps de les voir et de les entendre.

FINETTE.

Alors, que comptez-vous faire?

RICHE-CAUTÈLE.

M'installer ici jusqu'à ce que, l'une et l'autre, elles daignent, ainsi que vous, m'accorder un moment d'entretien.

FINETTE, *vivement.*

C'est impossible.

RICHE-CAUTÈLE.

Impossible, pourquoi?

FINETTE.

Mais... parce que... désolées de leur imprudence, elles n'oseront plus se montrer tant qu'elles vous sauront là. Elles resteront toujours enfermées dans leur appartement.

RICHE-CAUTÈLE.

Toujours, vous croyez?

FINETTE.

J'en suis sûre. Et vous ne les verrez et ne les entendrez jamais.

RICHE-CAUTÈLE.

Vous pouvez avoir raison. Que faire alors?

FINETTE.

Écoutez, je puis, moi, satisfaire votre désir ; mais à une condition, une seule ?

RICHE-CAUTÈLE.

Laquelle?

FINETTE.

Vous allez me donner votre parole, votre parole de gentilhomme, que, dès que vous aurez vu et entendu Babillarde et Nonchalante, vous partirez d'ici pour n'y jamais revenir.

RICHE-CAUTÈLE.

Et, si je vous engage ma parole, comment vous y prendrez-vous ?

FINETTE.

C'est bien simple. Vous entrerez là, dans la pièce voisine, et vous laisserez la porte entr'ouverte. Aussitôt que vous serez caché, j'appellerai mes sœurs qui ne se méfient pas de moi, je leur dirai que vous êtes parti, et vous pourrez alors les voir et les entendre tout à votre aise.

RICHE-CAUTÈLE.

Oui, c'est une idée, et j'aurai ainsi gagné ma gageure.

FINETTE.

Votre parole, d'abord, engagez votre parole de gentilhomme ?

RICHE-CAUTÈLE, étendant la main.

Je vous la donne.

FINETTE.

Bien.

RICHE-CAUTÈLE.

Appelez les princesses?

FINETTE, ouvrant la porte de droite.

Entrez là d'abord, il ne faut pas qu'elles vous voient.

RICHE-CAUTÈLE.

C'est juste. (Entrant.) M'y voici.

FINETTE.

Très bien. (Elle ferme la porte à double tour et en retire la clef.)

RICHE-CAUTÈLE, dans l'intérieur, frappant contre la porte et criant.

Eh! mais... que faites-vous donc? Vous m'enfermez!

FINETTE, criant.

Parfaitement. Vous avez agi de ruse, moi aussi. A bon chat, bon rat, et vous voilà mon prisonnier.

RICHE-CAUTÈLE, même jeu.

Princesse, je me repens, je ne le ferai plus! Ouvrez-moi?

FINETTE, même jeu.

Jamais!

RICHE-CAUTÈLE, même jeu.

Comment, jamais! Combien de temps allez-vous donc me laisser enfermé?

FINETTE, même jeu.

Jusqu'au retour de mon père.

RICHE-CAUTÈLE.

Oh! Dieu! Et s'il ne revient que dans dix ans?

FINETTE.

Vous resterez là dix ans.

RICHE-CAUTÈLE.

Miséricorde! Mais je mourrai de faim.

FINETTE.

Non. Je ferai monter deux ouvriers qui pratiqueront dans la porte un judas par lequel on vous passera votre nourriture.

RICHE-CAUTÈLE.

Mais j'aurai l'air d'une bête en cage ?

FINETTE.

A qui la faute? Silence, on vient.

SCÈNE VII.

FINETTE, RICHE-CAUTÈLE enfermé à droite.
BABILLARDE et NONCHALANTE soutenant CASTELMOISI.

CASTELMOISI, *marchant péniblement et geignant.*

Oïe, oïe, oïe ! oh ! la, la... aïe !... doucement, doucement.

(*On le fait asseoir sur un fauteuil.*)

FINETTE.

Mon Dieu, qu'y a-t-il ? Que s'est-il passé ?

CASTELMOISI, *à Finette.*

Joyeuse, mon enfant, ma jument Joyeuse. Comme j'avais raison de me méfier d'elle ! Allons, je ne prendrai pas encore Jérusalem cette fois-ci.

FINETTE.

Mais vous disiez que Joyeuse...

CASTELMOISI, *continuant.*

Elle a pris peur et s'est emballée, m'entraînant dans une course folle, vertigineuse... puis, tout à coup elle a piqué des deux pieds de devant et s'est arrêtée net.

FINETTE, vivement.

Et vous? qu'avez-vous fait alors?

CASTELMOISI.

Moi, j'ai continué. (Il fait le signe de culbuter par-dessus le cheval.) Oïe... oïe... oh! les reins! aïe!

RICHE-CAUTÈLE, enfermé, frappant et appelant.

Princesse? Princesse?

CASTELMOISI.

Hein? qui frappe ainsi? quelqu'un est donc enfermé là?

FINETTE.

Ne faites pas attention, c'est le prince Riche-Cautèle qui s'est introduit ici par ruse, sous un déguisement, et que j'ai mis sous clef en attendant votre retour.

BABILLARDE ET NONCHALANTE, étonnées.

Lui! enfermé!

RICHE-CAUTÈLE, même jeu.

Princesse? J'entends la voix de votre noble père et vous avez promis de me délivrer dès qu'il serait revenu?

FINETTE, criant.

Un peu de patience, donc?

RICHE-CAUTÈLE, criant à travers la porte.

Noble Sire de Castelmoisi, je vous demande la main de votre fille : la princesse Finette?

CASTELMOISI, se levant péniblement et s'approchant de la porte.

Prince de Riche-Cautèle, vous êtes encore plus entêté que moi! Je vous ai dit et je vous répète que je ne marierai Babillarde et Finette qu'après avoir marié leur aînée.

RICHE-CAUTÈLE, même jeu.

Qu'à cela ne tienne; j'ai deux cousins germains : le prince Riquet à la Houppe et le marquis de Carabas, qui seront trop heureux d'épouser Mlles Nonchalante et Babillarde. Je vous demande leurs mains en leurs noms. Vous marierez ainsi vos trois filles le même jour?

CASTELMOISI.

Tiens, tiens, c'est une idée. (Criant.) Bien vrai? Votre parole?

RICHE-CAUTÈLE, criant.

Je le jure! Ouvrez-moi?

CASTELMOISI, à Finette.

Allons, ouvre-lui. A tout péché, miséricorde!

(Finette ouvre, et Riche-Cautèle paraît.)

CASTELMOISI.

Touchez là, prince, car je suis sensible à votre proposition de marier mes filles le même jour. Ce sera une fameuse économie! Retournons donc à mon palais, où vous me présenterez vos cousins : le prince Riquet et le marquis de Carabas, et soyez sûr que je leur ferai le meilleur accueil.

RICHE-CAUTÈLE.

Merci. Quant à moi, je me regarde comme le mieux partagé, puisque j'épouse l'adroite Princesse!

(Musique. — Rideau.)

TROISIÈME PARTIE

L'OURS ET LES DEUX COMPAGNONS

PERSONNAGES

GUILLOT, paysan.
COLAS, paysan.
ANDRÉ, jeune berger.
PERRETTE.

Le carrefour d'une forêt[1].

SCÈNE PREMIÈRE.

COLAS, seul, portant un vieux fusil en bandoulière.
Il arpente la scène pour se réchauffer en soufflant dans ses doigts.

Brrr... quel froid ! J'en ai l'onglée... et, depuis que cette maudite grêle m'a percé jusqu'aux os, je frissonne et je grelotte ! Ah ! si l'on me reprend encore à l'affût... Et Guillot qui m'avait promis de me rejoindre au point du jour... je parie qu'il dort encore. (Appelant au fond.) Guillot? Ohé! Guillot? Rien. Ah! ma foi, j'en ai assez, et j'ai bien envie de m'en aller. (S'arrêtant.) Oui, mais... notre ours? C'est, ici, sa passée ordinaire et s'il se montrait... (Mettant en joue.) vlan! je lui ferais son

[1] Un écriteau au fond du salon, avec ces mots : *Carrefour de la forêt.*

affaire... attendons encore. Mais voyez un peu si ce paresseux de Guillot viendra?

SCÈNE II.

COLAS, GUILLOT, portant son fusil sur une épaule et un sac de toile, contenant des provisions de bouche, sur l'autre épaule.

GUILLOT, entrant.

Qui m'appelle?

COLAS.

Ah! te voilà enfin! Il est bien temps!

GUILLOT.

Parbleu! qu'y a-t-il donc de si pressé?

COLAS.

Tu ne l'es guère, toi, et voilà une belle heure pour venir à l'affût.

GUILLOT.

Il est encore temps, que diable!

COLAS.

Tu en parles à ton aise; mais si, comme moi, tu avais reçu la grêle et la pluie...

GUILLOT.

Ce n'est rien, ce n'est rien, ça se sèchera.

COLAS.

Eh bien! nous mettons-nous en chasse?

GUILLOT.

Oui, va, va! Pars devant; moi, je t'attendrai ici. (Il s'assied à terre et tire de son sac une bouteille de vin, un gobelet et des provisions. Colas, en les voyant, s'assied à côté de lui.) Eh ben! Tu restes là?

COLAS.

Tout à l'heure... rien ne presse, tu avais raison. (Il prend la bouteille et se verse à boire. Après avoir bu.) Ah! mordié! j'avais besoin de ça pour me remettre.

GUILLOT.

Eh bien! m'en veux-tu encore?

COLAS, tendant le gobelet.

Oui; donne-moi à boire.

GUILLOT.

Diable! Ta rancune est tenace! (Lui versant à boire.) Alors, noyons-la. (Colas boit.) Eh bien! ça va-t-il mieux?

COLAS.

C'est qu'il est bon, ce vin-là. Où l'as-tu acheté?

GUILLOT.

C'est l'aubergiste qui m'en a cédé un quartaut.

COLAS.

Tu as donc reçu de l'argent? Une avance?

GUILLOT.

De qui?

COLAS.

Eh! de ce marchand de fourrures qui doit nous compter cent écus de la peau de l'ours que nous tuerons tout à l'heure?

GUILLOT.

Non. L'aubergiste m'a fait crédit.

COLAS, se versant.

Je lui en achèterai un quartaut au même prix. (Apercevant censément l'ours, dans la coulisse, à gauche, et tremblant.) Oïe, oïe... oh! là, là!

GUILLOT, étonné.

Qu'as-tu donc?

COLAS, se levant, et se mettant derrière Guillot.

Regarde.

GUILLOT, tremblant aussi.

Ah! diable!... Ah! oui... je je... vois... c'est lui... c'est l'ours. (Il se lève et se met derrière Colas.) Allons, Colas, du cœur! C'est... c'est no...tre fortune qui... qui s'avance.

COLAS, même jeu.

Prends... ton...ton fusil... et tire!

GUILLOT, tremblant.

Mon...on fusil n'est pas ch...argé. Le tien l'est, tire, toi. (Il se met derrière Colas.)

COLAS, se mettant derrière Guillot.

Je... ne... ne peux pas. J'ai l'onglée.

GUILLOT, même jeu.

Vise toujours. Ferme, du cœur!

COLAS, même jeu.

Ma poudre est humide. Et toi, qui parles, tu ne fais rien. Dépêche-toi donc, je crois qu'il s'en va.

GUILLOT.

Il s'en va? laisse-moi faire. (Il met en joue). Je le tiens! Non, il est trop loin... il n'est plus à portée, et je ne pourrai pas l'atteindre. Allons! voilà un coup manqué!

COLAS, avec bravade.

Mordié! je suis piqué au jeu, et je n'en aurai pas le démenti. Je vais courir après, et lui faire son affaire! (Il sort du côté opposé à celui de l'ours.)

GUILLOT, le rappelant.

Mais ce n'est pas par là qu'il s'est en allé; c'est par ici. (Il montre la gauche.)

COLAS.

Je sais, mais il va faire le tour pour rentrer dans sa tanière. Je vais l'attendre à sa tanière.

GUILLOT.

Va donc. Moi, je vais le guetter ici, en cas qu'il revienne.

COLAS.

S'il revient, appelle-moi, et amuse-le jusqu'à mon retour. Je veux avoir la gloire de le tuer.

GUILLOT.

Oui, oui. De même, si tu veux, je te l'enverrai. (Colas sort par la droite.)

SCÈNE III.

GUILLOT, seul. Il s'assied au pied d'un arbre avec ses provisions[1].

Oui, oui, cours, attrape, il va t'attendre. Quel poltron que ce Colas! Sans lui, je le tenais. (Il dit ce qui suit tout en mangeant et en buvant.) Brrr... il ne fait pas chaud... et je vais m'enrhumer. Bah! mangeons un morceau et buvons un coup, ça me réchauffera. Si, cependant, notre animal revenait pendant que... non, non, il doit être loin, maintenant. Ah! maudit ours! Et si je compte sur Colas pour le tuer, je crois qu'il vivra longtemps. (Après avoir bu, regardant au travers de la bouteille.) Plus rien! (Se détirant.) Ouf! je n'en puis plus! Je ne sais pas si c'est l'émotion ou la fatigue... mes yeux

[1] On peut simuler les arbres avec des plantes en caisses, ou en pots. Ces derniers exhaussés sur des petits meubles.

9

se ferment malgré moi. (S'endormant.) Cent écus... c'est une somme! Et... j'y tiens! Aussi, vienne l'ennemi quand il voudra, il me trouvera... prêt. (Il s'endort.)

SCÈNE IV.

GUILLOT, endormi. ANDRÉ et PERRETTE, entrant par le fond, en continuant une conversation commencée.

ANDRÉ.

Mais ce mariage-là, ma chère Perrette, n'aurait pas le sens commun!

PERRETTE.

A qui le dites-vous?

ANDRÉ.

Ce Guillot a le double de votre âge! C'est un paresseux, un vantard et un fainéant, et vous ne pouvez pas être heureuse avec lui.

PERRETTE.

Je ne puis que vous répéter ce que ma belle-mère m'a dit. Guillot est venu la voir et m'a demandée en mariage, en l'assurant qu'il allait être riche.

ANDRÉ.

Riche? Lui!

PERRETTE, continuant.

Oui; qu'un marchand de fourrures devait lui donner cent écus de la peau d'un ours magnifique qu'il allait tuer aujourd'hui... ou demain.

ANDRÉ.

Lui? Ah! je l'en défie bien.

PERRETTE.

On dit pourtant, dans le pays, qu'il est très adroit.

ANDRÉ.

Comme braconnier, c'est possible. Il sait prendre des lièvres et des lapins au collet. Mais je voudrais le voir aux prises avec un animal aussi dangereux qu'un ours.

PERRETTE, apercevant Guillot.

Chut !

ANDRÉ.

Qu'y a-t-il?

PERRETTE.

Regardez, c'est lui. Il dort.

ANDRÉ.

C'est, ma foi, vrai.

GUILLOT, rêvant.

Poltron de Colas !

ANDRÉ.

Et il rêve. Il guette sa proie, sans doute, puisqu'il a son fusil à ses côtés... mais si c'est ainsi qu'il la guette... Oh ! quelle idée ! (Il s'approche avec précaution de Guillot et prend son fusil.)

PERRETTE.

Que faites-vous ?

ANDRÉ, vivement et à demi-voix.

Silence ! Mam'zelle Perrette, écoutez-moi bien : si l'on vous interroge, vous ne m'avez pas rencontré, vous ne m'avez pas vu... en un mot, vous ne savez rien !

PERRETTE.

Mais...

ANDRÉ.

Au revoir, mam'zelle Perrette. (Il sort vivement par la gauche, en emportant le fusil.)

SCÈNE V.

PERRETTE, GUILLOT, endormi.

PERRETTE, appelant.

André ? (Revenant.) Oh ! il est déjà loin ! C'est égal, j'aurais dû le retenir, car je devine, et c'est bien imprudent ce qu'il veut faire là !

GUILLOT, se réveillant.

Brrr... (Se détirant.) Ouf ! quelle heure est-il ? Je crois que j'ai fait un petit somme. (Il se met sur son séant.)

PERRETTE, à part.

Il se réveille.

GUILLOT, l'apercevant.

Tiens, mam'zelle Perrette ! Serviteur, mam'zelle Perrette, et d'où venez-vous donc comme ça ? (Il se lève.)

PERRETTE.

Mais de la ferme. Et vous, m'sieu Guillot, que faisiez-vous là ?

GUILLOT.

Je me reposais un peu. Voulez-vous en faire autant?

PERRETTE.

Oh ! non, non !

GUILLOT.

Vous êtes bien pressée. Un moment, donc? Vous connaissez le dicton : « Quand un joli minois est la première chose que l'on voit en se réveillant, c'est un présage de bonheur pour toute la journée. »

PERRETTE.

Vous êtes bien galant, m'sieu Guillot. Je voudrais vous répondre sur le même ton, mais je ne sais pas faire de compliments.

GUILLOT.

Je ne vous en demande pas, et je me contente du présage. Je suis sûr de tuer mon ours, maintenant, c'est comme si je le tenais.

PERRETTE.

Vous chassez donc un ours?

GUILLOT.

Eh ! sans doute. Est-ce que votre belle-mère ne vous l'a pas dit ?

PERRETTE.

Oui, en effet, je crois qu'elle m'a parlé...

GUILLOT, l'interrompant.

Et ne vous a-t-elle pas dit aussi que vous me reveniez joliment, et que je vous avais demandée pour femme ?

PERRETTE, riant.

Ah ! ah ! ah ! moi, la femme d'un braconnier !

GUILLOT, grommelant.

Braconnier, braconnier ; mais il me semble...

PERRETTE.

Eh bien, d'un chasseur, si vous voulez. Le beau mari que j'aurais là !

GUILLOT.

Comment, comment ? Que me manque-t-il donc ?

PERRETTE, regardant ses vêtements déguenillés.

Mais... tout, à ce qu'il me semble.

GUILLOT.

Ah ! vous dites ça à cause de... mais, c'est mon habit de chasse. Et comme j'y vais tous les jours...

PERRETTE, continuant.

J'aurai, tous les jours, l'agrément de vous voir aussi beau que ça !

GUILLOT.

Ah ! ah ! méchante, je crois que vous vous moquez de moi.

SCÈNE VI.

GUILLOT, PERRETTE, COLAS, accourant effaré, puis ANDRÉ, couvert d'une peau d'ours [1].

COLAS, courant.

Au secours ! au secours ! Guillot, sauve-toi... sauvons-nous, l'ours me poursuit.

PERRETTE.

Ah ! mon Dieu ! (Elle se sauve par la droite.)

GUILLOT, courant et se croisant avec Colas.

Ah ! nous sommes perdus !

COLAS, courant.

Que devenir ? Où nous cacher ?

GUILLOT.

Moi, derrière cet arbre !

[1] On peut simuler la peau de l'ours par une descente de lit en fourrure.

André paraît au fond, couvert de la peau de l'ours, et marchant à quatre pattes. Il se dirige vers Colas.

COLAS, tout tremblant.

Il vient à moi... il va me dévorer ! Ah ! je suis mort. (Il se jette à terre, à plat ventre.)

GUILLOT, à COLAS.

Ne bouge pas. Retiens ton haleine, et fais le mort !

ANDRÉ, après avoir fait semblant de flairer Colas, s'approchant de son oreille :

Colas !

COLAS, tremblant de tous ses membres.

Brrr... il sait mon nom ! Il m'a parlé !

ANDRÉ, à l'oreille de Colas.

« Souviens-toi qu'il ne faut jamais vendre la peau de l'ours qu'on ne l'ait mis par terre. »

COLAS, grelottant de peur.

Oui, monsieur l'ours, je m'en souviendrai. Grâce, monsieur l'ours, grâce !

ANDRÉ, qui s'est relevé, rejetant la peau de l'ours, et riant très fort.

Ah ! ah ! ah !

PERRETTE, reparaissant à droite.

J'entends rire... alors, c'est qu'il n'y a plus de danger ?

ANDRÉ.

Il n'y a jamais eu de danger que dans l'imagination de ces deux poltrons.

GUILLOT, qui s'est approché.

André ?

COLAS, toujours à terre, et risquant un œil.

Hein ? André ? (Il se relève.)

ANDRÉ.

André lui-même, qui vient de tuer l'ours dont vous aviez si peur, et qui, pour sa récompense, espère bien épouser la gentille Pierrette.

(Musique. — Rideau.)

LA DOUBLE MÉPRISE

CHARADE EN TROIS PARTIES

PREMIÈRE PARTIE

LA FUGITIVE

DEUXIÈME PARTIE

LES FÉES

TROISIÈME PARTIE

LA DOUBLE MÉPRISE

PREMIÈRE PARTIE

LA FUGITIVE

PERSONNAGES

LA PRINCESSE MARIE DE ROTHSAY, vingt-cinq ans.
MISTRESS WATSON, jeune veuve, vingt-quatre ans.
JEMMY, vingt ans, } ses sœurs.
KILMÉNIE, dix-sept ans, } ses sœurs.

La scène se passe en Écosse, aux environs d'Édimbourg, en 1745.

L'intérieur d'une chaumière, dans les montagnes de l'Écosse. Porte d'entrée au fond, portes latérales. A gauche, au premier plan, une grande cheminée. Une table devant la cheminée. Ameublement rustique.

SCÈNE PREMIÈRE.

MISTRESS WATSON, JEMMY, KILMÉNIE.

Au lever du rideau Mrs. Watson et Jemmy sont assises de chaque côté de la table, et filent toutes deux à la quenouille. Kilménie est debout, au fond, devant la porte d'entrée qu'elle vient d'ouvrir, et regarde au dehors.

MISTRESS WATSON.

Eh bien, Kilménie ?

KILMÉNIE.

L'orage s'éloigne, mais la pluie tombe toujours.

MISTRESS WATSON.

Quel temps affreux !

JEMMY.

Triste temps au dehors, et triste maison à l'intérieur!

MISTRESS WATSON.

C'est vrai. Ah! depuis la mort de Watson, mon pauvre mari, rien ne nous a réussi. Comme on a raison de dire qu'un malheur n'arrive jamais seul! Demain, peut-être, nous serons toutes trois sans asile. On nous chassera de cette ferme où nous sommes nées. Si ce n'est pas le collecteur que nous ne pouvons payer, ce sera l'intendant du propriétaire à qui nous devons une année de bail.

KILMÉNIE, qui a descendu.

Eh bien, moi, je ne désespère pas encore.

MISTRESS WATSON.

A ton âge, c'est tout naturel.

KILMÉNIE.

Nous sommes honnêtes, laborieuses, et la Providence ne nous abandonnera pas.

MISTRESS WATSON.

Je le désire aussi vivement que toi, ma chère Kilménie, mais je n'ose l'espérer. Où veux-tu que nous trouvions les dix-huit livres sterling dont nous avons besoin pour nous acquitter? A qui les emprunter par le temps qui court?

JEMMY.

Oui. La misère ne suffisait pas, et voilà la guerre, maintenant. Le prétendant Charles-Édouard a réuni toutes ses troupes à Preston-Pans, à une lieue d'ici, pour livrer bataille au roi Georges. Et, depuis un mois, notre pauvre pays est infesté de soldats et de maraudeurs qui dévastent tout sur leur passage.

KILMÉNIE.

Sous ce rapport-là, nos voisins sont aussi malheureux que nous. Certes, c'est un bien grand fléau que la guerre, mais ce n'est pas une raison pour perdre courage. Si le collecteur ou le propriétaire, malgré la rigueur des temps, nous renvoie de cette ferme, nous irons travailler chez les autres, en attendant des jours meilleurs.

MISTRESS WATSON.

Tu en parles à ton aise, petite sœur ; mais, va, il est bien dur, à un certain âge, d'aller servir chez les autres quand on n'a jamais travaillé que pour soi.

KILMÉNIE, gaiement.

Et puis, qui sait si quelque bonne fée ne viendra pas à notre aide? Dans nos montagnes de l'Ecosse, toutes les fées ne sont pas malfaisantes comme *les femmes vertes!* Il y a aussi *les dames blanches*, qui s'intéressent aux malheureux, et qui, dit-on, quittent leurs demeures inconnues pour venir les protéger ou les secourir.

MISTRESS WATSON.

Tu es bien heureuse de pouvoir plaisanter dans de pareils moments!

KILMÉNIE.

Je ne plaisante pas. Est-ce un pressentiment? En vérité, je ne le saurais dire, mais je n'ai pas perdu courage. On m'a si souvent raconté l'histoire d'Anna, une jeune et jolie enfant que l'on avait surnommée *la Rose du Perthshire*. Je dis : l'histoire... la légende, si vous le préférez. Elle vivait, paraît-il, très malheureuse, car elle était le souffre-douleur de ses frères, gens injustes et cruels ! Or, un jour qu'il y avait eu un grand orage — comme aujourd'hui — la pauvre petite pleurait au coin du foyer, quand, tout à coup, elle vit entrer précipitamment une belle dame qui lui dit...

SCÈNE II.

LES MÊMES, LA PRINCESSE, entrant vivement par le fond, comme une personne poursuivie.

LA PRINCESSE.

« Qui que vous soyez, protégez-moi ! Secourez-moi ! »

KILMÉNIE, effrayée.

Dieu !

MISTRESS WATSON ET JEMMY, se levant avec un cri.

Ah !

LA PRINCESSE, écoutant au fond[1].

Rien ! Je n'entends plus rien. Ils ont perdu ma trace. (Descendant.) Je vous ai effrayées, je le vois bien, et je vous en demande mille pardons. Surprise par l'orage, je me suis égarée en cherchant un abri. J'allais rejoindre la route, quand j'ai remarqué que j'étais suivie

(1) Elle est coiffée d'un feutre d'amazone, avec plume, et porte une grande mante, fermée devant et du haut en bas par une rangée de vingt-quatre boutons.

par des gens de mauvaise mine qui, sans doute, voulaient me faire un vilain parti. A ce moment, j'ai aperçu votre ferme, et je m'y suis réfugiée. Voulez-vous me donner l'hospitalité pour quelques instants ?

MISTRESS WATSON, *avec humeur.*

L'hospitalité? Il y a longtemps que nous sommes trop pauvres pour pouvoir l'exercer. C'est nous qui allons être obligées de la demander aux autres, et nons ne pouvons rien pour vous.

KILMÉNIE, *d'un ton de reproche.*

Ma sœur?...

MISTRESS WATSON, *moins durement.*

Non, nous ne pouvons rien. Cependant, s'il vous suffit de vous reposer là et de vous réchauffer à notre foyer, libre à vous. Kilménie vous tiendra compagnie. (*A Jemmy.*) La pluie a cessé. Allons, viens reprendre notre travail.

(*Elles sortent par la gauche.*)

SCÈNE III.

LA PRINCESSE, KILMÉNIE.

KILMÉNIE.

Il faut excuser ma sœur, madame. Je vous assure qu'elle est bonne... et charitable ; mais elle a eu tant de chagrins depuis l'an dernier, que son caractère s'en est ressenti. D'abord, elle a perdu son mari ; puis, la récolte a manqué et une épidémie nous a enlevé une partie de notre bétail; enfin nous sommes à la veille d'être expulsées de cette ferme, faute de dix-huit livres que nous ne pouvons payer.

LA PRINCESSE.

Ah! pauvres femmes!

KILMÉNIE.

Mais je ne vous parle que de nous... Asseyez-vous là, tenez, près de la cheminée et chauffez-vous, car vos vêtements sont trempés. Maintenant, ma sœur dit vrai : nous n'avons pas grand'chose. Cependant, je puis vous apporter une jatte de lait et un morceau de pain bis? C'est tout ce que nous avons à vous offrir.

LA PRINCESSE.

Merci. Vous êtes une bonne et aimable enfant! J'accepte avec plaisir, car je suis épuisée de fatigue, de froid et de faim!

KILMÉNIE.

Je reviens dans un instant. (Elle sort par la gauche.)

SCÈNE IV.

LA PRINCESSE, seule.

J'ai trop présumé de mes forces, et je ne croyais pas que Preston-Pans fût si loin d'Edimbourg. On m'avait dit : trois lieues, mais ce sont des lieues de pays, qui comptent double! Et puis, j'ai eu tort de garder ce vêtement qui attire l'attention sur moi, au milieu de ces montagnes. Dieu sait quelles épreuves m'attendent encore avant que je parvienne au but de mon voyage. Il faut que j'arrive pourtant ; il le faut à tout prix !

SCÈNE V.

KILMÉNIE, LA PRINCESSE.

KILMÉNIE, rentrant, avec une tasse de lait et un morceau de pain qu'elle place sur la table.

Tenez, madame.

LA PRINCESSE.

Merci, mon enfant. (A part, en examinant Kilménie.) Si je me confiais à cette jeune fille ?

KILMÉNIE.

Voulez-vous que je jette un fagot dans l'âtre ?... Voilà le feu qui s'éteint.

LA PRINCESSE, préoccupée et la regardant toujours.

Inutile, chère petite, je n'ai plus froid. (A part.) Sa physionomie est franche, ouverte, et, à cet âge-là, on ne sait pas encore trahir.

KILMÉNIE, étonnée.

Pourquoi donc me regardez-vous ainsi, madame ? (Naïvement.) On dirait que vous avez quelque chose à me demander, et que vous n'osez pas.

LA PRINCESSE, mangeant et buvant pendant ce qui suit.

Vous avez deviné juste. J'ai beaucoup de choses à vous dire, et un nouveau service à vous demander.

KILMÉNIE.

Parlez, madame, et ce service, s'il dépend de moi de vous le rendre...

LA PRINCESSE.

Mais, avant tout, il faut que je puisse compter sur votre discrétion. Il s'agit d'intérêts les plus graves, je vous en préviens. Il s'agit de la destinée d'une nation peut-être. Jurez-moi que vous ne répéterez pas un mot — même à vos sœurs — de ce que je vais vous confier?

KILMÉNIE.

Je ne répète jamais, à qui que ce soit, les secrets qui ne m'appartiennent pas.

LA PRINCESSE.

Bien! Apprenez donc, mon enfant, que je suis la cousine de Charles-Édouard, le prétendant.

KILMÉNIE, étonnée.

Vous, madame!

LA PRINCESSE.

Je me nomme la princesse Marie Stuart de Rothsay. Charles-Édouard et moi nous avons été élevés ensemble, comme frère et sœur.

KILMÉNIE, joignant les mains et à elle-même.

Bonté divine! Une princesse!

LA PRINCESSE.

Vous devez comprendre alors combien je m'intéresse au succès de l'expédition qu'il a entreprise, et qu'il n'a pas entreprise par ambition, je vous le jure. Charles-Édouard n'est pas un ambitieux, mais il ne s'appartient pas. Les Écossais ne peuvent supporter le joug de l'Angleterre. Leur religion, leurs lois, leurs mœurs, tout les en sépare. Ils tendent alors les bras vers le fils de leurs anciens rois, ils l'appellent pour qu'il vienne les aider à reconquérir leur vieille indépendance, leurs anciennes libertés.

KILMÉNIE.

Vous dites vrai, madame, et tous les clans de nos montagnes sont pour lui. Sous la bannière de Wallace et de Robert Bruce, ils sont prêts à marcher où il les conduira.

LA PRINCESSE.

Il les conduira à la victoire, je l'espère. Mais ce n'est pas de cela qu'il s'agit en ce moment. Ce matin, à Édimbourg, où je me trouvais pour surveiller les événements, un émissaire dévoué est venu me faire une communication de la plus haute importance pour la bataille qui est imminente, puisque les deux armées sont en présence ; pour la bataille qui se livre en ce moment peut-être, ou qui se livrera demain au plus tard. Comment faire parvenir ces instructions secrètes au prétendant ? Les confier à un messager qui pouvait être infidèle ? les envoyer sous forme d'une dépêche qui pouvait tomber dans les mains de nos ennemis ? Je n'ai pas hésité, et, ce matin, je suis partie seule, à pied, d'Edimbourg, pour Preston-Pans.

KILMÉNIE.

Quel courage !

LA PRINCESSE.

On ne se méfiera pas d'une femme, me suis-je dit, et je parviendrai jusqu'au camp de Charles-Édouard, à qui je répéterai, de vive voix, les instructions que j'ai reçues. Malheureusement, dans ma précipitation, je n'ai pas songé à changer de costume, et celui que je porte a failli me coûter cher en me faisant remarquer, et en me faisant suivre par des gens sans aveu. Suis-je encore loin de Preston-Pans ?

KILMÉNIE.

A une heure de chemin, tout au plus.

LA PRINCESSE.

Une heure, seulement, et je toucherais au but ? Oh ! Dieu soit loué ! Voilà qui ranime mes forces et mon courage. Mais, pour plus de sûreté, il me faudrait un vêtement du pays, semblable au vôtre, à ceux de vos sœurs. Pouvez-vous m'en procurer un ?

KILMÉNIE.

Je n'ai que mon costume des dimanches, qui est là, soigneusement enveloppé dans mon armoire. Nous sommes, à peu près, de même taille, et je crois bien qu'il pourra vous aller.

LA PRINCESSE, *souriant.*

Eh bien, soit ! chère enfant, je vais vous prendre, sans remords, sans pitié, votre seul et unique costume : vos beaux habits des dimanches ! Mais, soyez tranquille, je vous laisserai les miens à la place, et je crois que vous ne perdrez pas au change... en attendant mieux.

KILMÉNIE, *étonnée.*

Que voulez-vous dire, madame ?

LA PRINCESSE.

Je veux dire... ou plutôt je vous dirai tout, en m'habillant, car je n'ai pas un moment à perdre! Il faut que j'arrive là-bas avant la nuit. Conduisez-moi vite à votre chambre?

KILMÉNIE, montrant la porte de droite.

La voici. Entrez, je vous suis.

(Elles sortent par la droite.)

SCÈNE VI.

MISTRESS WATSON, JEMMY, rentrant par la gauche,

MISTRESS WATSON, s'arrêtant.

Que signifie cela? Voilà Kilménie, maintenant, qui fait entrer cette aventurière dans sa chambre?

JEMMY, regardant la table.

Et elle l'a traitée de son mieux, à ce que je vois. Cette chère petite, elle est si bonne!

MISTRESS WATSON.

Si bonne, si bonne!... ce n'est pas une raison pour être imprudente, et on ne reçoit pas ainsi une femme qui passe! La première venue!

JEMMY.

Elle a peut-être un motif pour en agir ainsi?

MISTRESS WATSON.

Tu crois? Au fait, c'est possible. Je ne suis pas curieuse, mais je voudrais bien savoir pourquoi cette femme est entrée dans la chambre de Kilménie. (Elle s'approche de la porte de gauche et écoute.)

JEMMY.

Que fais-tu là ? Tu n'y penses pas !

MISTRESS WATSON, écoutant.

Laisse donc ! (Répétant les mots qu'elle a pu saisir :) « Surtout, pas un mot à vos sœurs, vous me l'avez promis. »

JEMMY, riant.

Tiens, tiens ! Il paraît que nous ne devons pas être dans le secret.

MISTRESS WATSON, écoutant.

Tais-toi donc ! (Répétant.) « Si le succès couronne nos efforts, comptez sur ma reconnaissance et sur celle de »..... (Parlé.) Je n'ai pas pu saisir le reste.

JEMMY.

C'est l'étrangère qui parlait?

MISTRESS WATSON.

Oui.

JEMMY.

Et Kilménie, que répondait-elle ?

MISTRESS WATSON.

Elle parlait si bas que je n'ai pu entendre.

JEMMY.

Alors, cette étrangère.....

MISTRESS WATSON, l'interrompant.

Chut ! (Quittant vivement la porte.) Je crois qu'elles reviennent.

JEMMY, riant.

Si c'est l'inconnue qui parlait de sa reconnaissance, tout cela me paraît bien clair ! C'est la dame blanche que Kilménie attendait et qu'elle nous a annoncée.

MISTRESS WATSON, voyant la porte s'ouvrir.

Les voici.

SCÈNE VII.

JEMMY, MISTRESS WATSON, KILMÉNIE, LA PRINCESSE, sous un costume écossais, semblable à celui de Kilménie (1).

LA PRINCESSE.

Il me semble que, vêtue ainsi, je n'aurai, maintenant, plus peur de rien! Adieu, mon enfant, ou plutôt : au revoir, je le désire et je l'espère.

KILMÉNIE, qui porte la mante de la princesse sur son bras.

Au revoir, madame. Dieu vous garde et vous bénisse, ainsi que vous le méritez!

LA PRINCESSE, se retournant.

Ah! voici vos sœurs. Je vous laisse avec elles. (A mistress Watson et à Jemmy.) Merci de votre hospitalité qui, peut-être, m'a sauvé la vie. Kilménie n'a pas le droit de vous dire qui je suis, mais je lui ai permis de vous prouver que vous n'aviez pas obligé une ingrate. (Elle sort vivement par le fond.)

SCÈNE VIII.

MISTRESS WATSON, KILMÉNIE, JEMMY.

MISTRESS WATSON.

Qu'est-ce que tout cela veut dire?

(1) La jeune personne, qui jouera le rôle de la princesse devra, dès son entrée, porter un costume écossais, que sa grande mante cachera entièrement.

JEMMY.

Quant à moi, je n'y comprends rien! Et ce ton, ces manières... (A Kilménie.) Tu as donc reçu une reine... ou une princesse?

KILMÉNIE, s'asseyant près de la table, la mante sur ses genoux, et très gaiement.

Peut-être bien ! (Elle rit.)

MISTRESS WATSON.

Et tu lui as prêté ton plus beau costume, ton costume des dimanches ? Es-tu devenue folle ?

KILMÉNIE, de même.

Je ne crois pas.

JEMMY, montrant la mante.

Et voilà la belle nippe qu'elle t'a laissée en échange? Joli cadeau !

KILMÉNIE.

Peut-être bien! (Elle rit plus fort.) Ah! ah ! ah!

MISTRESS WATSON, agacée.

Peut-être bien, peut-être bien! Te moques-tu de nous, à la fin?

KILMÉNIE, qui, pendant ce temps, a découpé et enlevé avec des ciseaux l'étoffe qui recouvrait le premier bouton de la mante, montrant une pièce d'or.

Jugez-en vous-mêmes !

MISTRESS WATSON.

Que vois-je ? de l'or ?

KILMÉNIE, se levant et jetant la mante sur la table.

Une double guinée! Et les vingt-trois autres boutons de cette mante étant semblables, nous voilà riches ! Nous devons dix-huit livres, il nous en restera six, toutes nos dettes payées.

MISTRESS WATSON.

Est-il possible ! Mais c'est la fortune, le bonheur qui, avec cette étrangère, sont entrés dans la maison !

JEMMY.

Et tu ne peux pas nous dire le nom de notre bienfaitrice ?

KILMÉNIE.

Un jour, peut-être.

MISTRESS WATSON.

Quand donc ?

KILMÉNIE.

Le lendemain de la victoire !

(Rideau.)

DEUXIÈME PARTIE

LES FÉES

PERSONNAGES

LA MARQUISE.
LA MÈRE GERVAIS.
FANCHON, sa fille aînée.
NICOLINE, sa fille cadette.
CLAUDINE, } amies de NICOLINE.
NICETTE, }

La scène se passe à la campagne, en 17...

Une salle, au rez-de-chaussée chez la mère Gervais. Porte d'entrée, au fond, ouvrant sur la campagne. Porte à gauche. Au fond, à droite, un dressoir ou bahut orné de plats et d'assiettes en faïence. Une table, à gauche, au premier plan. Ameublement modeste, mais très propre.

SCÈNE PREMIÈRE.

CLAUDINE, NICETTE.

NICETTE, debout près de la porte de gauche, parlant à la cantonade.

C'est bien, mère Gervais, ne vous fâchez pas, nous nous en allons.

CLAUDINE, de même.

Nous reviendrons quand Nicoline sera rentrée. (Écoutant.) Plaît-il? (Comme répondant à quelqu'un qui vient de lui parler à l'intérieur.) Eh bien, merci, vous êtes aimable! (Elle descend la scène.)

NICETTE, la suivant.

Que t'a-t-elle dit?

CLAUDINE.

Elle m'a dit que, pour sa part, elle se passerait bien de notre visite!

NICETTE.

Toujours la même! Quelle femme désagréable que cette mère Gervais.

CLAUDINE.

Quant à moi, il me serait impossible de vivre avec elle.

NICETTE.

Pas plus qu'avec Fanchon, sa fille aînée, qui lui ressemble si fort d'humeur et de visage. Qui voit la fille, voit la mère.

CLAUDINE.

Oui. Comme sa mère, elle est orgueilleuse, acariâtre...

NICETTE.

Jalouse, exigeante...

CLAUDINE.

Brutale!

NICETTE.

Quelle différence avec Nicoline, qui est la bonté et la douceur mêmes!

CLAUDINE.

Et avec cela l'une des plus jolies filles que l'on puisse voir.

NICETTE.

Je ne m'explique pas comment deux sœurs peuvent se ressembler si peu.

CLAUDINE.

C'est que Nicoline est, paraît-il, tout le portrait de son père que tout le monde, ici, aimait et estimait...

NICETTE.

Tandis que Fanchon est tout le portrait de sa mère. Et comme on aime naturellement son semblable, la mère Gervais raffole de son affreuse fille aînée, et ne peut pas souffrir Nicoline. La pauvre enfant est la servante de la maison ; on la fait travailler sans cesse ; et pour la seconde fois de la journée, on vient de l'envoyer puiser de l'eau à la fontaine qui est à une demi-lieue d'ici.

CLAUDINE.

Et elle supporte tout sans se plaindre.

NICETTE.

Heureusement que Mme la marquise — la digne femme du seigneur de notre village — a appris tout cela par m'sieu le bailli, et s'est déclarée la protectrice de Nicoline.

CLAUDINE.

Oh ! oui, c'est bien heureux. Cette pauvre Nicoline ! Quant à moi, je l'aime chaque jour davantage.

NICETTE.

Et moi, donc. Mais nous restons là à causer... allons-nous-en. Ah ! voici Nicoline qui revient. Dieu ! comme elle a l'air agitée.

CLAUDINE, regardant.

C'est vrai. Qu'a-t-elle donc ?

SCÈNE II.

LES MÊMES, NICOLINE, puis LA MÈRE GERVAIS.

NICOLINE, entrant vivement par le fond et portant sur l'épaule une cruche de grès qu'elle va déposer sur le bahut.

Enfin, m'y voici. Ah! j'ai tant couru, que je n'en puis plus.

NICETTE.

Tu arrives à temps, nous allions partir.

NICOLINE.

Vous ici? (Les embrassant.) Bonjour, ma chère Claudine; bonjour, Nicette.

LA MÈRE GERVAIS, entrant par la gauche.

Je disais aussi : c'est la voix de Nicoline. Comment, vous êtes encore là, vous autres?

CLAUDINE.

Nous partions au moment où elle est rentrée.

LA MÈRE GERVAIS, grommelant.

Et elle y a mis le temps! (A Nicoline.) Qu'est-ce que tu as pu faire, paresseuse, pour rester si longtemps dehors? Tu t'es amusée en route, dis ?

NICOLINE.

Non, ma mère, et ne me grondez pas avant de connaître la cause qui m'a ainsi retardée.

LA MÈRE GERVAIS.

Que t'est-il arrivé?

NICOLINE.

Ah! j'en suis encore tout émue, toute tremblante!

LA MÈRE GERVAIS.

Parle donc?

NICOLINE.

Je venais d'arriver près de la fontaine quand je vis s'approcher de moi une pauvre femme, une vieille mendiante, qui me pria de lui donner à boire. « Oui-da, ma bonne mère », lui répondis-je, et, rinçant aussitôt ma cruche, je puisai de l'eau au plus bel endroit de la fontaine et la lui présentai, en la soutenant pour qu'elle pût boire plus aisément. Quand elle eut bu, la bonne femme me dit : « Vous êtes aussi douce, aussi charitable et aussi honnête que vous êtes jolie ; aussi je ne puis m'empêcher de vous faire un don. » Et, comme je paraissais surprise : « Apprenez, continua-t-elle, que je suis une fée... »

NICOLINE ET CLAUDINE, *étonnées.*

Une fée!

LA MÈRE GERVAIS, *étonnée.*

Est-il possible !

NICOLINE, *continuant.*

« Et j'ai pris la forme d'une vieille mendiante pour voir jusqu'où irait votre bon cœur. Je vous donne pour don, poursuivit-elle, qu'à chaque parole que vous direz, il vous sortira de la bouche ou une fleur ou une perle précieuse. »

LA MÈRE GERVAIS, *avec colère.*

Quelles balivernes nous contes-tu là! La vieille mendiante s'est moquée de toi! Et c'est une menteuse, car voilà une heure que tu bavardes, et je n'ai vu sortir de ta bouche ni fleur ni perle précieuse, moi!

NICOLINE.

Je ne comprenais pas plus que vous, quand elle a ajouté, et d'une voix jeune, pénétrante, et qui était comme une musique :

Les diamants et les pistoles
Peuvent beaucoup sur les esprits;
Cependant les douces paroles
Ont encor plus de force et sont d'un plus grand prix.

Alors, j'ai compris ce qu'elle avait voulu dire.

LA MÈRE GERVAIS.

Qu'est-ce que tu as compris? car, moi, je n'y comprends rien du tout.

NICOLINE.

J'ai compris que les fleurs et les perles étaient une comparaison. La bonne fée entendait par là, qu'à l'avenir, et grâce au don qu'elle me faisait, mes paroles plairaient à tout le monde et charmeraient ceux qui les entendraient.

LA MÈRE GERVAIS.

La belle avance! Eh bien, tes paroles ne me charment guère, moi, petite sotte...

NICOLINE, *continuant.*

Et la preuve, c'est la prédiction qu'elle m'a faite.

CLAUDINE, *vivement.*

Elle t'a fait une prédiction?

NICOLINE.

« Rentre chez toi, m'a-t-elle dit, en me quittant. On va nommer une rosière dans ton village, et c'est toi que le bailli a désignée à monseigneur. Mais ce n'est que le commencement de ta fortune, car un jour tu deviendras marquise. » Et elle disparut.

NICETTE.

Oh ! c'est merveilleux !

LA MÈRE GERVAIS.

Marquise ! rosière ! En voilà des bêtises ! D'abord ce n'est pas toi qui dois être nommée rosière, c'est ta sœur. Elle est l'aînée, et tu n'es que la cadette ! Mais vraiment, cette Fanchon qui ne se doute de rien, il faut la prévenir. (Appelant.) Fanchon ! Fanchon !

NICETTE, à Claudine.

Fanchon rosière ! pour prix de ses belles qualités ! Cette mère Gervais est folle.

LA MÈRE GERVAIS.

Mais voyez un peu si elle viendra. (Criant à la porte de gauche.) Fanchon ? Eh ! Fanchon?

SCÈNE III.

LES PRÉCÉDENTES, FANCHON.

FANCHON, entrant de gauche et avec humeur, en se détirant.

Eh ben, qu'est-ce qu'il y a? Est-ce que le feu est à la maison ?

LA MÈRE GERVAIS.

Voyons, ma fille, réponds-moi : savais-tu que l'on devait couronner une rosière — aujourd'hui — dans le pays ?

FANCHON.

Je crois bien l'avoir entendu dire... Mais que voulez-vous que ça me fasse? Est-ce que ça me regarde, moi ?

NICETTE, bas, à Claudine.

Elle ne croit pas si bien dire. Ça ne la regarde pas du tout.

LA MÈRE GERVAIS.

Comment, si ça te regarde? Mais, je crois bien ! Tu ne sais donc pas que la femme de monseigneur, Mme la marquise, donne une dot de cent écus !

FANCHON.

Grand bien lui fasse ! Moi, je ne demande point l'aumône.

LA MÈRE GERVAIS, grommelant.

L'aumône, l'aumône...

NICOLINE.

Mais, Fanchon, ce n'est pas une aumône, c'est une récompense qui fait honneur à celle qui en est l'objet.

LA MÈRE GERVAIS.

Elle a raison. Et je veux que tu sois rosière ! Mais, d'abord, et avant tout, il faut que, toi aussi, tu ailles à la fontaine.

FANCHON.

A la fontaine, moi? Par exemple! C'est la besogne de Nicoline, ce n'est pas la mienne.

LA MÈRE GERVAIS.

Il faut que tu y ailles pour voir la fée, et pour qu'elle te fasse un don, comme à ta sœur. Attends. (Elle va au bahut, qu'elle ouvre, et y prend un beau flacon qu'elle donne à Fanchon.) Tiens, prends ceci, et quand tu seras arrivée à la fontaine, tu verras venir à toi une pauvre femme, une vieille mendiante, qui te demandera à boire. Tu lui en donneras tout de suite, et bien honnêtement, car c'est une fée qui te fera un don, comme à Nicoline. C'est toi qui auras la rose, d'abord, et puis tu deviendras marquise, duchesse !

FANCHON, haussant les épaules.

En voilà des idées !

LA MÈRE GERVAIS.

Pas de réflexions ! Je veux que tu partes, et sur l'heure. Je l'exige !

FANCHON.

Si vous le prenez sur ce ton-là, c'est bon. On y va. (Elle sort par le fond.)

LA MÈRE GERVAIS, criant, au fond.

Et reviens vite pour être nommée rosière !

SCÈNE IV.

LES MÊMES, moins FANCHON.

NICETTE, raillant.

Dites donc, mère Gervais, est-ce que c'est vous, ou monseigneur, qui devez la nommer, la rosière ?

LA MÈRE GERVAIS, grincheuse.

Hein ? qu'est-ce que c'est ?

NICETTE.

Si c'est m'sieu le bailli qui a désigné Nicoline à monseigneur, vous n'y changerez rien.

LA MÈRE GERVAIS, grincheuse.

Je ferai ce qui me plaît, entendez-vous ? Et d'abord, qu'est-ce que vous faites encore ici ? je vous croyais parties depuis longtemps.

CLAUDINE.

Justement. Nous venions chercher Nicoline pour la cérémonie qui va avoir lieu dans une heure. Nous l'attendons.

LA MÈRE GERVAIS, avec colère.

Elle n'ira pas ! Je lui défends bien d'y aller !

NICETTE.

Alors, vous ne tenez pas aux cent écus de Mme la marquise ?

LA MÈRE GERVAIS.

Si, j'y tiens ! Mais ce n'est pas elle, c'est Fanchon qui les aura.

CLAUDINE.

A votre aise. Cependant...

LA MÈRE GERVAIS, l'interrompant.

En voilà assez. Taisez-vous ! N'abusez pas plus longtemps de ma douceur et de ma patience !

NICETTE.

Oh ! vous pouvez être sûre que voilà une chose dont on n'abusera jamais avec vous.

LA MÈRE GERVAIS.

Allons, partez, allez-vous-en !

CLAUDINE.

Au revoir, Nicoline.

NICETTE, à Nicoline.

Au revoir ! (Bas.) Sois tranquille, nous parlerons pour toi.

LA MÈRE GERVAIS.

Eh bien ? Vous n'êtes pas encore parties ? (Claudine et Nicette sortent par le fond, en faisant, à la dérobée, des signes d'intelligence à Nicoline. Jeu de scène : la mère Gervais, agacée, finit par les prendre par les épaules, et par les mettre dehors.)

SCÈNE V.

NICOLINE, LA MÈRE GERVAIS.

LA MÈRE GERVAIS.

En voilà des péronnelles! De quoi se mêlent-elles, je vous le demande un peu? Est-ce que je ne suis pas libre de faire chez moi ce qui me plaît!

NICOLINE.

Il ne faut pas leur en vouloir, ma mère. Leur intention était bonne.

LA MÈRE GERVAIS, *continuant sans l'écouter.*

Est-ce que je me mêle des affaires des autres, moi? (*A Nicoline avec colère.*) Voyons, réponds? Est-ce que je me mêle des affaires des autres?

NICOLINE, *doucement.*

Je ne dis pas cela, ma mère.

LA MÈRE GERVAIS, *continuant sans l'écouter.*

Qu'est-ce que tu dis, alors? Et qu'est-ce que tu fais là, les bras croisés? Allons, va à ta besogne, et plus vite que ça!

NICOLINE.

Mais ma besogne est faite, ma mère.

LA MÈRE GERVAIS.

Une besogne n'est jamais faite, dans une maison, tant qu'il reste quelque chose à faire. Et il y aura toujours du travail pour toi, tu entends.

NICOLINE.

J'obéis.

SCÈNE VI.

LA MÈRE GERVAIS, seule, puis FANCHON.

LA MÈRE GERVAIS.

Ne dirait-on pas qu'elles se mettent toutes d'accord pour me faire enrager ! Jusqu'à cette Fanchon qui ne revient pas ? L'heure de la cérémonie approche, et elle ne sera pas rentrée quand elle aura lieu. Qu'est-ce qu'elle peut faire pour tarder ainsi. (Voyant arriver Fanchon.) Ah ! c'est elle, la voilà ! Eh bien ! ma fille ?

FANCHON, avec humeur.

Eh bien ! ma mère, vous m'avez fait faire une belle équipée !

LA MÈRE GERVAIS.

Comment cela ? Que t'est-il arrivé ? Explique-toi ?

FANCHON.

Je n'étais pas plutôt auprès de la fontaine, que j'ai vu sortir du bois une dame, magnifiquement vêtue, qui est venue me demander à boire.

LA MÈRE GERVAIS.

Eh bien ?

FANCHON.

Comme ce n'était pas la vieille mendiante que vous m'aviez annoncée, j'ai pensé que cette grande dame voulait se moquer de moi, et je lui ai rendu la monnaie de sa pièce : « Justement, lui ai-je répondu, j'ai apporté, tout exprès, un beau flacon pour donner à boire à madame. J'en suis d'avis... Eh bien, buvez à même la source, si vous voulez. »

LA MÈRE GERVAIS, à demi-voix.

Tu as eu tort, tu as eu tort!

FANCHON.

Est-ce que je pouvais deviner? « Vous n'êtes guère obligeante, a-t-elle repris, car je suis une fée, comme celle qui est apparue à votre sœur, et j'ai voulu voir jusqu'où irait votre malhonnêteté. Je vous donne pour don qu'à chaque parole que vous direz, il vous sortira de la bouche un crapaud ou un serpent. »

LA MÈRE GERVAIS.

Est-il Dieu possible!

FANCHON.

Et ce n'est pas tout encore.

LA MÈRE GERVAIS.

Comment, ce n'est pas tout?

FANCHON.

« Quant à votre horoscope, a-t-elle ajouté, le voici : Vous vous ferez tant détester, que votre propre mère vous chassera de chez elle, et vous irez, épuisée de fatigue, tomber au coin d'un bois où, secourue par un rustre, un paysan, vous deviendrez sa servante, et serez bien heureuse, un jour, de devenir sa femme. »

LA MÈRE GERVAIS.

Quelle horreur! Et quand je pense que c'est cette Nicoline qui est cause de tout! Oh! elle me le payera! (Cris au dehors :) « Vive la rosière! vive Mme la marquise! » Qu'est-ce que cela?

SCÈNE VII.

LA MÈRE GERVAIS, FANCHON, LA MARQUISE,
suivie de CLAUDINE et de NICETTE. JEUNES PAYSANNES,
au fond, en dehors, à volonté.

LA MARQUISE, entrant.

N'est-ce pas ici que demeure la mère Gervais ?

LA MÈRE GERVAIS, s'avançant.

C'est moi, madame.

LA MARQUISE.

Bien, car c'est à vous que j'ai affaire. Votre jeune fille, Nicoline, vient d'être couronnée rosière. Ses jeunes amies m'ont appris que vous l'avez empêchée de venir chercher sa récompense elle-même...

LA MÈRE GERVAIS, confuse.

Madame la marquise...

LA MARQUISE, continuant.

Cette récompense, je vous l'apporte. Voici vos cent écus. (Elle lui remet une bourse.)

LA MÈRE GERVAIS, la prenant.

Bien des remerciements, madame la marquise.

LA MARQUISE.

Mais ce n'est pas tout, faites venir votre fille, car je l'emmène.

LA MÈRE GERVAIS.

Vous l'emmenez ?

LA MARQUISE.

Oui. Elle dîne au château. Et comme j'ai besoin d'une dame de compagnie, d'une jeune lectrice, je la garde.

SCÈNE VIII.

LES PRÉCÉDENTES, NICOLINE, amenée par Nicette qui est allée la chercher.

NICOLINE, à la marquise.

On m'a dit, madame, tout l'intérêt que vous me portez, et toutes les bontés que vous avez pour moi. Que de reconnaissance !

LA MARQUISE.

Bien, mon enfant. Prenez congé de votre mère, de votre sœur, et suivez-nous au château où l'on nous attend.

NICOLINE, embrassant sa mère.

Au revoir, ma mère. Au revoir, ma sœur.

FANCHON, lui tournant le dos.

Bon voyage !

LA MARQUISE.

Partons !

NICETTE, à Claudine.

Avec le don que la fée lui a accordé, elle charmera le fils de monseigneur, et elle deviendra marquise à son tour. Voilà la prédiction qui s'accomplit, et j'en suis bien heureuse pour elle, car c'est un ange !

TOUS.

Vive la rosière ! Vive Mme la marquise !

(Sortie. Rideau.)

TROISIÈME PARTIE

LA DOUBLE MÉPRISE

PERSONNAGES

Mme VINGMAILLE.
CÉCILE, sa fille.
HENRIETTE, jeune institutrice.
JOSÉPHINE, cuisinière.
JUSTINE, femme de chambre.

La scène se passe de nos jours, dans une petite ville de province.

Un salon chez Mme Vingmaille. Porte d'entrée au fond. Portes latérales. A droite, au premier plan, une table et tout ce qu'il faut pour écrire. A gauche, un guéridon et une cheminée. Ameublement moderne.

SCÈNE PREMIÈRE.

JUSTINE, seule, un plumeau à la main, époussetant et rangeant les meubles, puis CÉCILE.

JUSTINE.

Là, voilà qui est fait. Je n'ai plus que la salle à manger à mettre en ordre, mais comme il n'est que midi, j'ai encore du temps devant moi.

CÉCILE, entrant de droite.

Ah! vous voilà, Justine, je vous cherchais. Il ne s'est présenté personne depuis ce matin?

JUSTINE.

Non, mademoiselle. Vous attendiez quelqu'un ?

CÉCILE.

Nous attendions une jeune cuisinière qui nous est très recommandée, et il est bien contrariant qu'elle n'arrive pas, car c'est aujourd'hui que mon oncle, l'inspecteur d'académie, doit venir dîner avec nous.

JUSTINE.

Et il est joliment gourmand, monsieur votre oncle.

CÉCILE.

C'est bien pour cela que ni vous, ni ma mère, ni moi, ne sommes capables de lui faire un dîner de son goût. Et si ce cordon bleu ne vient pas, je ne sais pas comment nous ferons. Et ma mère, où est-elle?

JUSTINE.

Elle est à sa toilette.

CÉCILE.

Je vais la retrouver et aviser avec elle au moyen de nous tirer d'embarras. N'oubliez pas de nous prévenir, tout de suite, ma mère ou moi, s'il se présentait quelqu'un? (Elle sort par la droite.)

JUSTINE.

Soyez tranquille, mademoiselle.

SCÈNE II.

JUSTINE, puis HENRIETTE.

JUSTINE.

Je ne fais pas mal la cuisine, pour une femme de chambre, mais je ne me risquerais pas à faire un dîner pour le frère de madame, pour M. l'inspecteur. Il paraît qu'on se nourrit bien dans l'Université, car en voilà un qui est difficile !

HENRIETTE, *entrant par le fond, un sac de voyage à la main.*

Pardon, c'est bien ici que demeure Mme Vingmaille?

JUSTINE.

C'est ici, mademoiselle.

HENRIETTE.

Puis-je la voir et lui remettre une lettre de recommandation dont je suis chargée pour elle?

JUSTINE.

Elle s'habille en ce moment, mais ça ne fait rien, elle vous recevra tout de suite, car on vous attendait avec une impatience...

HENRIETTE, *étonnée.*

On m'attendait, moi?

JUSTINE.

Certainement. Et Mlle Cécile est déjà venue me demander si vous étiez arrivée ?

HENRIETTE, *étonnée.*

C'est bien étonnant, car je suis sûre que ces dames ne me connaissent pas, et ne m'attendaient pas. Pour qui me prenez-vous donc ?

JUSTINE.

Mais pour la cuisinière que nous attendons.

HENRIETTE, *riant.*

Ah ! ah ! je disais aussi... non, mademoiselle, je ne suis pas cuisinière, je suis institutrice.

JUSTINE.

Institutrice ? Allons, bon ! Mais ce n'est pas du tout la même chose ?

HENRIETTE, riant.

Non, pas précisément. Je dois me présenter ces jours-ci à l'examen supérieur, et une des bonnes amies de Mme Vingmaille a bien voulu m'adresser à elle pour qu'elle me recommande à son frère, l'inspecteur d'académie, qui est en tournée dans le département, et doit être en ce moment dans votre ville.

JUSTINE.

Je comprends. Mais ce n'est pas du tout la même chose, du tout. Enfin, je vais voir si madame peut vous recevoir tout de même.

HENRIETTE.

Je vous serai obligée.

(Justine sort par la droite.)

SCÈNE III.

HENRIETTE, puis JOSÉPHINE.

HENRIETTE.

Le grand mérite dans la vie, dit-on, est d'arriver à propos. Je n'ai pas ce mérite-là, aujourd'hui, puisqu'on me prend pour une cuisinière. On a toujours trop bonne opinion de soi-même, je le sais, mais, enfin, je ne croyais pas avoir la tournure d'une... il est vrai qu'une femme de chambre n'est pas forcée de s'y connaître. (Elle va poser son sac sur le guéridon.)

JOSÉPHINE, entrant par le fond et tenant à la main un sac de voyage semblable à celui d'Henriette.

Bonjour, madame.

HENRIETTE, se retournant.

· Quelqu'un !

JOSÉPHINE, en toilette de ville.

Est-ce que c'est à Mme Vingmaille que j'ai l'honneur de parler ?

HENRIETTE.

Non, mademoiselle. Je l'attends, et l'on est allé la prévenir.

JOSÉPHINE.

Ah ! bien. Alors, je vais l'attendre comme vous, si vous le permettez ? (Elle va poser son sac à côté de celui d'Henriette.)

HENRIETTE.

C'est à elle, personnellement, que vous avez affaire ?

JOSÉPHINE.

A elle d'abord, oui, mais il paraît que c'est son frère, M. l'inspecteur d'académie, qui doit me juger, et me faire admettre s'il me trouve assez de mérite pour ça.

HENRIETTE.

Ah ! je comprends. (A part.) Elle va passer aussi son examen supérieur et elle vient se faire recommander. Et moi qui hésitais. Tout le monde se fait recommander maintenant. (A Joséphine.) Et vous avez une lettre de recommandation, sans doute ?

JOSÉPHINE.

Oui, madame, là, dans mon sac de voyage.

HENRIETTE, à part.

Comme moi.

JOSÉPHINE, continuant.

Une lettre de Mme de Baugency, une amie de madame.

HENRIETTE, *à part.*

Une autre amie, car la mienne est de Mme Derville. (*Haut.*) Il paraît que M. l'inspecteur est un homme très sévère. Et ce n'est pas rassurant, entre nous.

JOSÉPHINE.

Ne m'en parlez pas ; j'en ai d'avance une frayeur bleue ! On dit aussi, cependant, que c'est un homme de goût... et c'est beaucoup cela, n'est-ce pas ?

HENRIETTE.

Sans doute. Et juste... On dit encore qu'il est très juste.

JOSÉPHINE.

Alors, il doit tenir compte du mal qu'on se donne. Car on n'est pas toujours sûre de réussir ?

HENRIETTE.

Oh ! non, malheureusement ! Cependant, quand on a de bons principes, quand on a étudié dans une bonne maison...

JOSÉPHINE.

C'est beaucoup. C'est ce que je me dis, et ça me rassure un peu.

HENRIETTE.

Mais voici, je crois, la personne que nous attendons.

SCÈNE IV.

HENRIETTE, Mme VINGMAILLE, JOSÉPHINE.

Mme VINGMAILLE, *entrant de droite.*

Me voilà. Ah ! tiens ! vous êtes deux qui m'attendez?

On ne m'avait pas prévenue. Voyons, laquelle de vous est arrivée la première?

HENRIETTE.

C'est moi, madame.

Mme VINGMAILLE.

Vous avez une lettre de recommandation pour moi, m'a-t-on dit.

HENRIETTE, allant prendre sur le guéridon le sac de voyage de Joséphine, par mégarde, et en tirant une lettre qu'elle remet à Mme Vingmaille.

La voici.

Mme VINGMAILLE, l'ouvrant.

Bien. (Regardant la signature, et à elle-même.) Ah! c'est de Mme de Baugency. (Lisant, haut, à part.) « Chère bonne amie, je vous adresse *la perle* dont je vous ai parlé. Vous pouvez l'arrêter en toute assurance. Elle serait encore dans la maison où elle est restée quatre ans, si ses maîtres n'avaient pas dû partir pour *la Pensylvanie*, où ils étaient appelés par les plus graves intérêts. Joséphine est une fille honnête qui fait très bien la cuisine, et régulièrement bien. C'est un véritable cadeau que je crois vous faire en vous l'envoyant, » etc. (Parlé, à Henriette.) La recommandation est parfaite et elle me suffit. Vous arrivez bien, car nous attendons précisément mon frère aujourd'hui.

HENRIETTE.

M. l'inspecteur arrive aujourd'hui?

Mme VINGMAILLE.

Je l'attends d'un moment à l'autre. (A Joséphine.) Et vous, mademoiselle, avez-vous aussi une lettre pour moi?

JOSÉPHINE, qui est allée prendre le sac d'Henriette, en tirant une lettre qu'elle remet à Mme Vingmaille.

Voici la mienne.

Mme VINGMAILLE, à elle-même.

Ah ! de Mme Derville. (Elle la parcourt des yeux.) Je vois ce que c'est. Mais ceci regarde surtout ma fille et mon frère. Allez d'abord trouver ma fille... tenez, par ici. (Elle montre la droite.) Elle vous dira ce que vous aurez à faire.

JOSÉPHINE.

Il suffit, madame. (Saluant.) Je suis votre servante. (Elle sort par la droite.)

SCÈNE V.

Mme VINGMAILLE, HENRIETTE.

Mme VINGMAILLE.

D'après tout le bien qu'on me dit de vous, je crois que vous ne devez pas craindre un examen détaillé, surtout par un connaisseur comme mon frère.

HENRIETTE.

Un examen est toujours un peu effrayant, et on perd toujours par timidité ou par crainte une partie de ses moyens. D'autant plus que M. l'inspecteur est, dit-on, très sévère.

Mme VINGMAILLE.

Sévère, non, ce n'est pas le mot, car c'est le meilleur homme du monde. Il est un peu gâté, voilà tout.

HENRIETTE.

Je ferai tout ce qui dépendra de moi pour lui montrer ce que j'ai appris.

Mme VINGMAILLE.

C'est cela. Il faut le traiter en cordon bleu.

HENRIETTE, *étonnée.*

En cordon bleu? (*A elle-même.*) Ah! c'est juste, il doit avoir les palmes académiques, et comme le ruban est bleu...

Mme VINGMAILLE.

Mais nous n'avons pas de temps à perdre. Suivez-moi, je vais vous montrer par où il faut commencer, car, voyez-vous, mon enfant, si vous voulez vous faire bien venir de mon frère, il faut d'abord flatter ses goûts.

HENRIETTE.

Je ne demande pas mieux, madame.

Mme VINGMAILLE.

Par ici. (*Elles sortent par le fond.*)

SCÈNE VI.

JOSÉPHINE, *seule, rentrant par la droite, un papier à la main, puis* HENRIETTE.

JOSÉPHINE.

Il paraît qu'il faut que je commence par faire un rapport. (*Lisant difficilement.*) Oui, je vois bien : rap-port. Oh! la lecture, ça va, et l'écriture aussi, pour mon livre de dépenses. Mais madame disait que je n'entendais rien à l'orthographe. Et, des fois, elle riait!... Pour un rapport, il faut peut-être de l'orthographe? (*Elle s'assied devant la table, et parait très embarrassée.*)

HENRIETTE, entrant de gauche, un saladier à la main, dans lequel sont des oranges, et un sucrier contenant du sucre en poudre.

Je n'y comprends rien ! Mme Vingmaille m'a répété : « Il faut flatter ses goûts, et vous allez d'abord préparer des beignets d'orange, car c'est son entremets de prédilection. » Je veux bien flatter les goûts de M. l'inspecteur, puisque j'ai besoin de lui, mais je ne sais vraiment pas comment m'y prendre.

JOSÉPHINE, assise au bureau.

La jeune demoiselle m'a dit : « Si vous réussissez, mon oncle vous fera facilement avoir 1 200 francs. En voilà des gages ! Aussi, je ne demande pas mieux que de réussir..... Si je savais seulement par où commencer? (Voyant Henriette.) Tiens, c'est vous, mademoiselle. Que faites-vous donc là?

HENRIETTE, debout derrière le guéridon.

Je voudrais bien faire ce que Mme Vingmaille m'a demandé, mais j'avoue que je n'y entends rien.

JOSÉPHINE.

Et que vous a-t-elle demandé?

HENRIETTE.

De préparer des beignets d'orange...

JOSÉPHINE.

Des beignets à l'orange? mais c'est simple comme tout. Ecoutez : vous divisez d'abord votre fruit par quartiers, et le débarrassez de ses pépins; vous le faites mijoter dans du sucre clarifié pendant deux heures; puis, après l'avoir égoutté, vous le jetez dans une pâte à beignets; vous faites frire, vous râpez du zest, vous glacez au sucre et vous servez très chaud.

HENRIETTE.

Je vous remercie... mais je ne me rappellerai jamais tout cela. C'est trop compliqué.

JOSÉPHINE.

Compliqué? Et que diriez-vous donc si, comme moi, vous aviez à faire un rapport? Tenez! (Elle le lui montre.)

HENRIETTE, lisant.

« Des devoirs de l'institutrice dans l'enseignement primaire. » Mais c'est la moindre des choses, cela.

JOSÉPHINE.

Pour vous, c'est possible, mais pour moi... (Vivement.) Ecoutez, il me vient une idée. Voulez-vous faire mon rapport, moi, je ferai vos beignets?

HENRIETTE, riant.

J'allais vous le proposer.

JOSÉPHINE.

Alors, vite, changeons. (Henriette prend le rapport et va s'asseoir à la table. où elle écrit. Joséphine se met au guéridon. verse un lit de sucre dans la soupière, et y place les quartiers d'orange, pendant ce qui suit.)

HENRIETTE, écrivant.

Mais ce travail est une plaisanterie, c'est une simple nomenclature...

JOSÉPHINE.

Une nomen... quoi?

HENRIETTE.

Une nomenclature, et rien n'est plus facile à faire. Tenez, encore deux lignes et j'aurai terminé.

JOSÉPHINE.

Ma besogne est plus minutieuse — car ça demande

du soin — mais elle avance aussi. Il est vrai que ce que je fais là n'est pas le plus difficile. C'est le glacé au caramel qu'il ne faut pas manquer. Eh bien! où en êtes-vous ?

HENRIETTE, se levant.

C'est fini, et vous?

JOSÉPHINE.

Voilà qui est fait.

HENRIETTE, écoutant.

Il était temps, on vient! (Elles changent de place vivement.)

SCÈNE VII.

JOSÉPHINE, CÉCILE, HENRIETTE.

CÉCILE, entrant et s'adressant à Joséphine.

Mademoiselle, mon oncle vient d'arriver, et il vous attend pour vous interroger. Avez-vous terminé le petit rapport que je vous ai remis?

JOSÉPHINE, le lui donnant.

Le voici, mademoiselle.

CÉCILE.

Bien. (Y jetant les yeux.) Jolie écriture. Ah! vous avez sans doute apporté les papiers de famille qui sont indispensables pour votre examen?

JOSÉPHINE.

Je crois bien. J'ai tous mes papiers, et mes certificats aussi. (Allant prendre son sac de voyage.) Tout est là.

CÉCILE.

Alors, venez avec moi, je vais vous présenter à mon oncle. (Elles sortent par le fond.)

SCÈNE VIII.

HENRIETTE, puis Mme VINGMAILLE.

HENRIETTE, seule.

Décidément, je m'y perds ! D'après ce qu'elle m'a dit elle-même, et d'après ce que j'entends, cette jeune personne doit aussi passer son examen. Mais alors pourquoi était-elle si décontenancée devant un rapport si facile ? Et où a-t-elle appris à faire si bien les entremets ?

Mme VINGMAILLE, entrant de gauche et d'un air affairé.

Eh bien ! Vous avez tout préparé ?

HENRIETTE.

Oui, madame.

Mme VINGMAILLE, regardant.

C'est cela, c'est bien cela. Maintenant, descendez vite, vous trouverez, en bas, tout ce qu'il vous faut.

HENRIETTE, étonnée.

En bas ?

Mme VINGMAILLE.

Sans doute. Descendez tout cela, et ne perdez pas de temps, car il est déjà cinq heures.

HENRIETTE.

Je suis prête, madame, mais comme il y a beaucoup

de choses que je ne comprends pas, il me semble qu'une explication...

Mme VINGMAILLE, l'interrompant.

Oh ! pas maintenant, pas d'explications maintenant. Nous sommes déjà en retard. — Ce soir, je ne dis pas. — Descendez vite. Du reste, je vais aller vous rejoindre.

HENRIETTE.

J'obéis, madame. (Elle sort par la gauche, en emportant le saladier et le sucrier.)

SCÈNE IX.

Mme VINGMAILLE, CÉCILE, puis HENRIETTE et JOSÉPHINE.

Mme VINGMAILLE.

En vérité, cette fille est toute gauche, tout embarrassée ; et si ce n'était les éloges de Mme de Baugency, je n'aurais aucune confiance en elle, moi.

CÉCILE, entrant en riant très fort.

Ah ! ah ! ah ! La singulière institutrice ! Le quiproquo est amusant.

Mme VINGMAILLE, étonnée.

Qui te fait rire ainsi ? Et de quel quiproquo parles-tu ?

CÉCILE.

Figurez-vous les réponses les plus extravagantes ! Malgré sa gravité, mon oncle n'a pu s'empêcher de rire aussi. C'était la cuisinière !

Mme VINGMAILLE.

Comment, la cuisinière! Explique-toi donc?

CÉCILE.

Eh! oui. Ces deux personnes, ayant un sac de voyage en tout semblable, se sont trompées. L'institutrice vous a remis la lettre de Mme de Baugency, et la cuisinière celle de Mme Derville. De sorte que j'ai fait rédiger le rapport par la cuisinière, et que vous avez envoyé l'institutrice à la cuisine.

Mme VINGMAILLE.

Ah! mon Dieu! que me dis-tu là! Et que dira mon frère, surtout. Un dîner fin... confectionné par une institutrice! Tout est perdu! Courons!

(Entrent Joséphine et Henriette.)

JOSÉPHINE, en costume de cuisinière : bonnet et tablier blancs.

Rassurez-vous, madame. Rien n'est perdu, car chacun a repris sa place. Après l'interrogatoire de M. l'inspecteur, j'ai bien compris que je n'étais pas de force, et j'ai tout avoué. (Montrant Henriette.) C'est mademoiselle qui a fait le rapport, et c'est moi qui ai préparé les beignets. Chacun son métier. Quant au dîner, il est sur le feu, et il sera, je l'espère, digne de vous. Vous avez pu juger l'institutrice à son style; vous jugerez la cuisinière à ses ragoûts.

Mme VINGMAILLE.

A la bonne heure! me voilà plus tranquille.

HENRIETTE.

Et puisque vous voilà rassurée, madame, vous voudrez bien, je l'espère, nous pardonner, ainsi que tout le monde, la double méprise d'aujourd'hui.

(Rideau.)

L'HÉRITAGE DE JOCRISSE

CHARADE EN TROIS PARTIES

PREMIÈRE PARTIE

LE PRINCE RIQUET

DEUXIÈME PARTIE

LA FLEUR DE GENÊT

TROISIÈME PARTIE

L'HÉRITAGE DE JOCRISSE

PREMIÈRE PARTIE

LE PRINCE RIQUET

PERSONNAGES

LE BARON DE LA HAUTE-FUTAIE.
LA BARONNE, sa femme.
AMANDINE, leur fille.
LE PRINCE RIQUET.
NICETTE, femme de chambre de la baronne.

La scène se passe au moyen âge.

Une grande salle dans le château de la Haute-Futaie. Porte principale au fond, portes latérales. Ameublement de l'époque.

SCÈNE PREMIÈRE.

LE BARON, LA BARONNE.

(Ils entrent par la droite, en continuant une discussion commencée.)

LA BARONNE.

Et moi, je vous dis que si!

LE BARON.

Et moi, je vous dis que non !

LA BARONNE.

C'est votre faute.

LE BARON, se récriant.

Ma faute !

LA BARONNE, vivement.

Oui, oui, oui. C'est une honte qu'à dix-huit ans

votre fille soit aussi niaise, aussi bornée qu'une enfant de cinq ans.

LE BARON.

Cependant, si la nature lui a refusé de l'esprit, que voulez-vous que j'y fasse? Est-ce que je puis lui en donner, moi?

LA BARONNE, *ironiquement.*

Oh! non! on ne peut donner ce qu'on n'a pas.

LE BARON, *saluant.*

Merci bien. En tout cas, et c'est une compensation, Amandine est la plus belle fille de tout le pays.

LA BARONNE.

Oui. Mais aussi bête que belle. Et gauche, et maladroite, et ignorante... ça fait pitié! Hélas! nous ne trouverons jamais à la marier. Et si, par hasard, il se présentait un parti pour elle, quand son futur l'entendra parler, quand il verra sa gaucherie, sa nullité, il ne pourra jamais se décider à la demander pour femme.

LE BARON.

Eh bien! c'est ce que nous allons savoir avant peu, car précisément il se présente un parti pour Amandine.

LA BARONNE, *étonnée.*

Parlez-vous sérieusement?

LE BARON.

Très sérieusement. Notre vieux parent, le comte de la Sarriette, vient de me faire tenir une lettre par laquelle il m'annonce qu'un de nos voisins, le prince Riquet, ayant rencontré notre fille, et ayant été charmé par sa beauté, doit venir nous rendre visite et solliciter l'honneur de lui être présenté.

LA BARONNE.

Eh bien ! vous verrez. Le prince peut venir nous rendre visite, il peut solliciter l'honneur d'être présenté à mademoiselle votre fille, mais, quand il aura eu l'*honneur* de causer cinq minutes avec elle, il sera fixé. Il s'éloignera poliment, sous le premier prétexte venu, et on ne le reverra jamais.

LE BARON.

Nous ne tarderons pas à en faire l'épreuve.

(On entend, à gauche, un grand bruit de porcelaine cassée.)

LA BARONNE.

Tenez, voilà *votre* fille qui fait encore quelque maladresse !

SCÈNE II.

LE BARON, LA BARONNE, AMANDINE.

AMANDINE entre par la gauche en jouant au volant et en disant niaisement.

Eh bien ! tant pis ! là ! ça m'amuse, moi.

LA BARONNE, sévèrement.

Mademoiselle !

AMANDINE, surprise.

Ah ! vous m'avez fait peur ! que c'est bête, ça.

LA BARONNE.

Vous êtes polie ! Allons, approchez, petite sotte !

AMANDINE, jouant toujours.

Oui, maman. (Elle s'approche et joue sous le nez de la baronne, qui se recule.)

LA BARONNE, lui prenant sa raquette.

Voyons, laissez cela. Et approchez, vous dis-je.

AMANDINE.

Voilà, maman.

LA BARONNE.

C'est ça! les pieds en dedans, les épaules voûtées, les bras pendants... Comment vous tenez-vous donc!

AMANDINE.

Dame... je m'tiens sur mes jambes, comme tout le monde.

LA BARONNE, au baron.

Vous l'entendez?

LE BARON.

Mais vous la tarabustez toujours... vous l'intimidez, aussi.

LA BARONNE, à Amandine.

Quel est ce bruit, que nous venons d'entendre, dans la pièce voisine?

AMANDINE.

Maman, c'est ma raquette.

LA BARONNE.

Votre raquette?

AMANDINE.

En courant pour rattraper mon volant j'ai accroché, avec ma raquette, le grand vase qui est dans l'encoignure du petit salon. Il est tombé et s'est cassé en morceaux (riant), en tout petits morceaux.

LA BARONNE, levant les bras au ciel.

Mon beau vase de porphyre! Allons, il est écrit que vous ne ferez jamais que des sottises!

AMANDINE, pleurant.

Heu, heu, heu! vous me grondez toujours.

LA BARONNE.

Jouer au volant... à votre âge? Si ce n'est pas ridicule!

AMANDINE, pleurant.

Alors que faut-il que je fasse?

LA BARONNE.

Vous livrer à des occupations sérieuses. Vous instruire, d'abord.

AMANDINE, pleurant toujours.

Ah! bien non! ça m'ennuie.

LA BARONNE, avec humeur.

Laissez-nous, allez-vous-en! Je ne puis supporter l'idée d'avoir une fille telle que vous.

LE BARON.

Viens, Amandine, viens dans les bras de ton père... ne pleure pas, ma pauvre enfant.

AMANDINE.

Maman me dit toujours des choses désagréables!

LE BARON, l'embrassant.

N'y pense plus, et va, mon enfant, il faut obéir à ta mère.

(Amandine sort par la gauche en s'essuyant les yeux.)

SCÈNE III.

LE BARON, LA BARONNE, puis NICETTE.

LA BARONNE.

Monsieur le baron, vous êtes un bon homme et je ne vous reprocherai pas l'affection que vous avez pour votre fille ; mais vous devriez bien, une fois pour toutes, ne pas redoubler de tendresses, à son égard, quand je viens de la punir.

LE BARON.

Mais, ma bonne amie...

LA BARONNE, l'interrompant.

Il n'y a pas de « ma bonne amie ». Vous m'enlevez ainsi toute autorité sur elle, et quand il faudrait, au contraire...

LE BARON, voyant entrer Nicette.

Silence, nous ne sommes plus seuls. C'est Nicette, votre femme de chambre, qui a, sans doute, à vous parler.

LA BARONNE.

Que voulez-vous, Nicette ?

NICETTE.

Madame, c'est un drôle de particulier — très bien mis — qui a une petite houppe sur la tête, et qui demande si vous êtes visible.

LA BARONNE.

Moi ?

NICETTE.

Je ne sais pas au juste. Il m'a dit : « Mon enfant, voulez-vous aller demander à M. le baron et à Mme la baronne de la Haute-Futaie s'ils peuvent me recevoir. »

LE BARON.

A-t-il donné son nom ?

NICETTE.

Il a dit qu'il s'appelait le prince Riquet, et qu'il venait de la part du comte de la Sarriette, que monsieur connaît bien.

LE BARON, à sa femme.

C'est lui, c'est le prétendant dont je vous parlais tout à l'heure, et que le comte m'a annoncé.

LA BARONNE.

Eh bien ? quel est votre avis ?

LE BARON.

Je crois que nous ne pouvons nous dispenser de le recevoir.

LA BARONNE, à Nicette.

Faites entrer le prince Riquet.

(Nicette sort.)

SCÈNE IV.

LE BARON, LA BARONNE, RIQUET.

Il est bossu, bancroche. Il a, sur l'œil gauche, une petite visière de taffetas vert, et des verrues sur le nez. Il est chauve, sauf une petite houppe de cheveux roux qui s'élève sur le sommet du front. Son costume est riche et élégant.

RIQUET, introduit par Nicette, s'avançant en saluant.

Monsieur le baron, madame la baronne…

LE BARON, étonné.

Oh !

LA BARONNE, reculant avec surprise.

Ah !

RIQUET, riant.

Oh ! ah ! Très bien ! Je sais ce que cela veut dire. C'est l'effet que ma vue produit généralement, mais je commence à m'y habituer. Alors, vous aussi, vous me trouvez prodigieusement laid ?

LE BARON, hésitant.

Prodigieusement... c'est beaucoup dire.

LA BARONNE, embarrassée et cherchant ses mots.

Ce n'est pas... précisément que... mais, au premier abord...

LE BARON, de même.

Quand on ne s'y attend pas...

LA BARONNE, à Riquet.

Vous comprenez ?

RIQUET, gaiement.

Parfaitement. Eh ! mon Dieu ! si l'on voulait y réfléchir un peu, on verrait cependant que je suis un homme tout comme un autre ? D'abord, je suis bien fait, très bien fait..., pour un bossu. Or, tout le monde n'a-t-il pas un fardeau — moral ou physique — à porter ici-bas ? Eh bien, moi, je porte le mien dans le dos. On prétend que je marche de travers..., mais combien y a-t-il de gens qui n'ont jamais pu marcher droit ? Je suis borgne, il est vrai, mais on voit tant de choses désagréables dans la vie, que j'ai l'avantage de n'en voir que la moitié ! Tout compte fait, je ne suis donc pas si disgracié de la nature.

LA BARONNE.

Non certes, mon cher prince, et si vous n'êtes pas un Antinoüs, il y a une chose dont vous pouvez vous flatter, c'est d'être un homme d'esprit. Oh! moi, d'abord, je raffole des gens d'esprit!

RIQUET.

Oui, je chasse de race ; j'ai de l'esprit comme un bossu. C'est une compensation que je dois à ma marraine : la fée Carabosse. Quand je vins au monde, ma pauvre mère, en voyant le magot que vous avez en ce moment sous les yeux, ne pouvait parvenir à s'en consoler. C'est alors que ma marraine lui assura que j'aurais, non seulement beaucoup d'esprit et de gaieté, mais que j'aurais la faculté de donner de l'esprit à la personne que j'aimerais le mieux et qui consentirait à m'épouser.

LA BARONNE.

Ah! ah! Écoutez ceci, baron.

RIQUET.

Je parle de cet esprit qui rend aimable, qui anime les yeux, qui donne la grâce et le charme sans lesquels une femme, fût-elle superbe, ne saurait rien inspirer.

LA BARONNE, *soupirant.*

A qui le dites-vous!

RIQUET.

Je sais bien qu'il y a de la témérité, de ma part, en venant pour épouser une aussi belle personne que mademoiselle votre fille, mais si ce que l'on prétend est vrai...

LA BARONNE.

Et que prétend-on, je vous prie?

RIQUET.

On assure... ah! mais... c'est que... c'est très délicat à dire, et je voudrais me faire comprendre à demi-mot. On assure qu'elle a toutes les qualités qui me manquent, et qu'elle manque de toutes les qualités que j'ai. S'il en était ainsi, tout serait pour le mieux, car, avec le don que m'a fait ma marraine...

LA BARONNE.

Sans doute. Mais il faut, pour cela, qu'Amandine consente à vous épouser?

LE BARON, hochant la tête.

Et quand elle vous aura vu...

RIQUET, continuant.

Il est clair que, quand elle m'aura vu, elle éprouvera un certain désenchantement. Je m'y attends bien, mais, c'est égal, si vous le permettez, je tenterai l'épreuve.

LE BARON, à sa femme.

Qu'en dites-vous, baronne?

LA BARONNE.

Je dis, je dis... que je ne sais plus que dire.

RIQUET.

Je ne vous parlerai pas de ma naissance, qui, vous le savez, est des plus illustres; de mes richesses, qui sont immenses. Ce sont des considérations de second ordre.

LE BARON.

Permettez? Pour un père et une mère de famille, ce sont des considérations qui ont bien leur valeur.

RIQUET.

Alors, que décidez-vous?

LA BARONNE.

Nous allons vous présenter à Mlle de la Haute-Futaie.

(Elle sort par la gauche.)

LE BARON, à Riquet.

Si j'ai un conseil à vous donner, en causant avec Amandine, prenez-la par la douceur, par les sentiments ? Dites-lui de jolies choses.

RIQUET.

De jolies choses..., de jolies choses..., c'est plus facile à conseiller qu'à trouver.

SCÈNE V.

LES PRÉCÉDENTS, LA BARONNE, amenant AMANDINE.

LA BARONNE.

Venez, mademoiselle, venez. Voici un ami du comte de la Sarriette, le prince Riquet, qui désire vous être présenté.

RIQUET, saluant.

Mademoiselle...

AMANDINE, levant les yeux et partant d'un éclat de rire à la vue de Riquet.

Hi ! hi ! hi ! ah ! quel drôle de bonhomme !

LA BARONNE, avec humeur.

Ma fille ! (Bas.) mais taisez-vous donc !

AMANDINE, riant toujours.

Hi ! hi ! hi ! le drôle de bonhomme !

LA BARONNE.

Ma fille, encore une fois...

RIQUET, à la baronne.

Laissez rire Mlle Amandine, madame. C'est tout naturel, et c'est si bon le rire. (A Amandine.) Riez, mademoiselle, et riez tout à votre aise. J'aime mieux que ma vue produise sur vous un accès de gaieté qu'un sentiment de pitié.

LA BARONNE, à Amandine.

Nous vous laissons avec le prince, qui désire vous faire sa cour. Venez, baron, nous reviendrons dans un moment. (Bas, à Amandine.) Et tâchez de ne pas dire trop de sottises, suivant votre habitude.

AMANDINE, baissant la tête.

Oui, je tâcherai.

(Le baron et la baronne sortent par le fond.)

SCÈNE VI.

AMANDINE, RIQUET.

RIQUET, voyant Amandine rester la tête baissée et d'un air triste.

Eh bien, mademoiselle, vous ne riez plus ? Et voilà que vous paraissez triste, maintenant ? Permettez-moi de vous dire que je ne puis comprendre qu'une personne, aussi belle que vous l'êtes, puisse être triste. La beauté est un si grand avantage, qu'il doit tenir lieu de tout le reste, et quand on le possède, je ne vois pas qu'il y ait rien qui puisse nous affliger beaucoup.

AMANDINE.

Cela vous plaît à dire, monsieur. Mais si, du matin au soir, on vous disait que vous êtes bête..., si, à chaque pas que vous faites, on vous reprochait votre gaucherie, je voudrais bien savoir quelle satisfaction vous donnerait votre beauté ! Tenez, j'aimerais mieux être aussi laide que vous, et avoir de l'esprit, que d'avoir de la beauté comme j'en ai et être bête autant que je le suis.

RIQUET.

Il n'y a rien, madame, qui marque davantage qu'on a de l'esprit que de croire n'en pas avoir. Il est de la nature de ce bien-là que, plus on en a, plus on croit en manquer.

AMANDINE.

Je ne sais pas cela, mais je sais que tout le monde dit que je suis fort bête, et c'est de là que vient mon chagrin.

RIQUET.

Si ce n'est que cela, madame, qui vous afflige, je puis aisément mettre fin à votre douleur, car il ne dépend que de vous que vous soyez aussi spirituelle que jolie.

AMANDINE.

Et c'est vous qui feriez ce miracle-là ?

RIQUET.

Moi-même.

AMANDINE.

Vous êtes donc sorcier ?

RIQUET.

Est-ce que je n'en ai pas un peu l'air?

AMANDINE.

C'est vrai. Mais vous n'avez pas du tout l'air méchant.

RIQUET.

Vous êtes bien honnête. Apprenez donc, madame, que j'ai le pouvoir de donner de l'esprit à la personne qui me plaira le plus. Et comme vous êtes cette personne, et que je suis venu ici pour demander votre main, vous aurez autant d'esprit qu'on en peut avoir si vous me faites, librement et de bon cœur, la promesse de m'épouser.

AMANDINE.

Et quand je vous aurai fait cette promesse, l'esprit me viendra ?

RIQUET.

Tellement que vous étonnerez tout le monde. Vous ne vous reconnaîtrez plus vous-même.

AMANDINE.

Mais si j'allais en avoir trop ?

RIQUET.

Rassurez-vous, on n'en a jamais trop. Eh bien ? vous hésitez ? Vous ne pouvez pas vous décider à me faire la promesse que je vous demande ?

AMANDINE.

Si vous croyez que c'est facile !

RIQUET.

Je comprends. Eh bien, ne me regardez plus. Tenez, je vais me mettre là, derrière le dossier de ce grand fauteuil. Je vous parlerai, vous me répondrez, et vous ne me verrez pas.

AMANDINE.

C'est cela. Ça me donnera peut-être un peu de courage.

RIQUET, se plaçant derrière le dossier d'un grand fauteuil, et parlant sans être vu.

A la réserve de ma laideur, y a-t-il quelque chose en moi qui vous déplaise ?

AMANDINE.

Nullement.

RIQUET.

Êtes-vous mal contente de ma naissance, de mon caractère, de mon humeur et de mes manières ?

AMANDINE.

Oh ! non ! J'aime en vous ce que vous venez de dire. Et vous me parlez avec une indulgence, une bonté auxquelles je n'ai pas été accoutumée.

RIQUET.

Si cela est ainsi, pourquoi hésitez-vous davantage à me faire la promesse que j'attends de vous ? Elle pourrait me rendre le plus heureux des hommes !

AMANDINE.

Eh bien, puisqu'il dépend de moi de vous rendre heureux, je promets de vous épouser.

RIQUET, reparaissant sans bosse, sans visière, sans houppe, sans verrues et en tenue d'élégant cavalier.

Et je vous en remercie mille fois[1] !

[1] Pour cette transformation, on a eu le soin d'attacher au dossier du grand fauteuil un sac ouvert. Tout en parlant, sans être vu, Riquet enlève d'abord le paquet de chiffons qui forme sa bosse ; puis sa perruque, puis le caoutchouc qui ceint sa tête, et

AMANDINE, *reculant de surprise.*

O ciel ! que vois-je ! Est-ce un miracle ?

RIQUET.

Non, madame. Mais, la même fée qui me fit le don de pouvoir donner de l'esprit à la personne qui, malgré ma difformité, consentirait à m'épouser, vous a fait, aussi, le don d'embellir celui que vous choisiriez pour époux.

AMANDINE, *souriant.*

Je rends mille grâces à cette bonne fée, car, je vous avoue, monsieur, que je vous préfère ainsi.

RIQUET.

Et moi, donc !

SCÈNE VII.

RIQUET, AMANDINE, LE BARON, LA BARONNE.

AMANDINE, *allant, avec aisance, au-devant d'eux.*

Venez, ma mère ; vous aussi, monsieur le baron, et, à mon tour, permettez-moi de vous présenter le prince Riquet, que je consens à épouser, puisque tel est votre désir. — Il m'a donné l'esprit qui me manquait et la reconnaissance m'en fait un devoir.

LE BARON, *le regardant.*

Quel changement ! Est-il possible ?

tient la visière. Il met au fur et à mesure ces objets dans le sac. Il efface enfin les taches de son nez et, en se redressant, reparaît à la réplique indiquée.

LA BARONNE.

Mais ce n'est pas lui. (A Riquet.) Mais ce n'est pas vous ?

RIQUET, riant.

Pardon, c'est toujours moi. Mlle Amandine vous expliquera çette métamorphose qui, pour elle, était des plus faciles. Elle avait de la beauté pour deux.

(Rideau.)

DEUXIÈME PARTIE

LA FLEUR DE GENÊT

PERSONNAGES

LA COMTESSE.
MARGUERITE, sa fille.
HENRI DE MAUFRIGNEUSE, officier de marine, son neveu.
JOLLIVARD, tailleur breton.
YVONNE, soubrette.

La scène, en Bretagne, aux environs de Quimperlé.

Un salon de château, chez la comtesse; porte principale au fond, et fenêtres ouvrant sur un parc; portes latérales; table, guéridon, fauteuils et chaises; la mer à l'horizon.

SCÈNE PREMIÈRE.

LA COMTESSE, MARGUERITE, YVONNE.

La comtesse est assise à droite, près du guéridon, et travaille à un ouvrage de tapisserie. Marguerite, debout devant une des fenêtres du fond, regarde au loin avec une longue-vue. Yvonne est debout, au milieu du salon.

YVONNE, à Marguerite.

Vous ne voyez rien, mademoiselle?

MARGUERITE, quittant la fenêtre et fermant la longue-vue.

Rien, absolument rien. La mer est comme un miroir et je n'aperçois aucune voile à l'horizon.

LA COMTESSE.

Ce retard est inexplicable.

MARGUERITE.

Pourvu que la frégate de Henri n'ait pas fait naufrage !

LA COMTESSE.

Y penses-tu? Une frégate de l'État ne se perd pas ainsi corps et biens. D'ailleurs, les journaux en auraient parlé... Non, il n'y a point d'inquiétude à avoir de ce côté.

MARGUERITE.

Il nous écrit, il y a six semaines, qu'il fait route pour Cherbourg, où il doit débarquer ; qu'il a sollicité et obtenu un congé de trois mois, pour notre mariage, et depuis... pas de nouvelles !

YVONNE, *à Marguerite.*

Est-ce qu'il y a loin, mademoiselle, de Cherbourg à Quimperlé ?

MARGUERITE.

Sans doute, mais il ne viendra pas par mer, je suppose, et les chemins de fer abrègent singulièrement les distances.

LA COMTESSE.

Il aura été retenu par les exigences du service. Les officiers de marine ne font pas tout à fait ce qu'ils veulent, et la discipline...

MARGUERITE.

Soit. Mais alors pourquoi n'a-t-il pas écrit pour nous apprendre la cause de ce retard, pour nous faire connaître le motif qui le retenait loin de nous? Il doit bien supposer, cependant, que, depuis sa lettre, nous devons l'attendre chaque jour.

YVONNE.

Et c'est justement demain la fête de mademoiselle : la Sainte-Marguerite.

LA COMTESSE.

C'est vrai, c'est demain ta fête.

MARGUERITE.

Oh! s'il n'est pas survenu quelque accident à mon cousin et si, aujourd'hui, il n'y a ni lettre ni bouquet... je ne lui pardonnerai de ma vie!

LA COMTESSE, *riant.*

Et pour commencer, à son retour, tu ne l'épouseras plus?

MARGUERITE, *vivement.*

Je n'ai pas dit cela, mais...

LA COMTESSE.

Va, ma pauvre enfant, quand on a consenti à devenir la femme d'un marin, il faut se préparer, dès le principe, à la patience, au courage, à la résignation.

YVONNE.

Mais, j'y pense... ou plutôt c'est la fête de mademoiselle qui m'y fait penser : M. Henri veut peut-être vous surprendre et vous épouser à la façon bretonne. Il va peut-être se faire précéder — suivant nos vieilles coutumes — par le baz-valans.

MARGUERITE, *étonnée.*

Le baz-valans?

YVONNE.

Eh oui! avec son genêt, la fleur de la lande.

LA COMTESSE.

Que signifie cela? Explique-toi.

YVONNE.

Ah! c'est juste, j'oubliais... Vous n'êtes pas d'ici, vous, mesdames, et vous ne connaissez pas nos usages. Mais M. Henri, qui est un enfant de Quimperlé, les connaît bien, lui. Donc, ici, quand un jeune homme a jeté les yeux sur une jeune fille, et qu'il veut demander sa main, il s'en va d'abord trouver le tailleur de l'endroit ou quelque bon vieux mendiant, et il le charge de porter à la famille de celle qu'il veut épouser une branche de genêt en fleur. C'est ce porteur de genêt qu'on appelle baz-valans.

LA COMTESSE, riant.

Voilà une déclaration qui n'est pas comme une autre!

YVONNE, continuant.

Pour lors, si le parti convient à la famille, elle invite le baz-valans à boire un pichet de cidre, et on trinque avec lui. C'est un mariage quasiment conclu.

LA COMTESSE.

Et si le parti ne convient pas?

YVONNE.

La famille reçoit le baz-valans très froidement et ne l'invite pas à se rafraîchir. Quelquefois même, et pour mieux marquer son refus, la jeune fille va chercher un plat de noix qu'elle pose sur la table. On sait ce que ça veut dire, et le baz-valans n'a plus qu'à se retirer.

MARGUERITE.

Et les gens du pays attachent une grande importance à cet usage?

YVONNE.

Je crois bien. Un mariage ne serait pas heureux si les accordailles se faisaient autrement. Les nouveaux mariés ne pourraient pas sortir le jour sans rencontrer des pies... une bête maudite, un oiseau de malheur! Et le soir, ils s'exposeraient à tomber dans la bande des lavandières de nuit.

LA COMTESSE, se levant.

Quelles superstitions! Le plus clair de tout cela, c'est qu'il faut boire du cidre que je n'aime pas, et qu'il faut trinquer... ce qui ne me plaît pas davantage. Enfin, si Henri veut se marier à la façon bretonne, nous le verrons bien. Marguerite, si tu m'en crois, nous irons, en nous promenant, jusqu'à la poste. J'ai envoyé ce matin Gertrude, mais la pauvre bonne femme est si sourde, que je préfère ne m'en rapporter qu'à moi.

MARGUERITE.

A vos ordres, ma mère.

LA COMTESSE.

Viens, nous serons de retour avant le déjeuner.

(Elles sortent par le fond.)

SCÈNE II.

YVONNE seule, puis HENRI en costume d'officier de marine, casquette galonnée.

YVONNE, qui les a suivies des yeux.

Les voilà parties. Et, sans qu'elle veuille le laisser paraître, Mme la comtesse est aussi inquiète que Mlle Marguerite. Je comprends cela : rester plus d'un mois sans nouvelles d'une personne que l'on attend d'un moment à l'autre! On fait toutes sortes de suppositions, on se forge des idées... quand il suffirait souvent d'un mot pour que tout s'explique simplement, naturellement. Quant à moi, je suis sûre que M. Henri ne peut tarder, et demain, aujourd'hui peut-être, il va arriver et me dire : « Bonjour, Yvonnette, c'est moi. Tout le monde est-il en santé, ici? »

HENRI, entrant par le fond.

Bonjour, Yvonnette, c'est moi. Tout le monde est-il en santé, ici?

YVONNE, avec un cri.

Ah!

HENRI.

Eh bien! que te prend-il? Tu as l'air tout effrayée. On ne m'attendait donc pas?

YVONNE.

Oh! si, oh! si. Mais justement, c'est que... voilà six semaines qu'on vous attend!

HENRI.

Oui, je comprends... et c'est aussi ce que je craignais un peu, en arrivant. Ainsi ma tante et ma cousine sont inquiètes?

YVONNE.

Très inquiètes, mademoiselle surtout... Quant à Mme la comtesse, elle ne veut pas en avoir l'air.

HENRI.

Alors j'ai eu raison de me cacher en arrivant, pour me faire reconnaître par toi, d'abord. Ma première idée avait été d'écrire; mais comme je serais peut-être arrivé avant ma lettre...

YVONNE.

Mais il y a quinze jours que vous auriez dû écrire.

HENRI, riant.

Oui, c'est facile à dire. Seulement il n'y a pas encore de bureaux de poste en pleine mer.

YVONNE.

Mais enfin que vous est-il arrivé?

HENRI.

Un sauvetage, mon enfant, une belle action qui nous fait honneur, mais qui — malgré mon impatience — a retardé mon arrivée jusqu'à présent. Nous étions à cent lieues, à peine, de Cherbourg quand notre frégate a rencontré en mer un trois-màts anglais désemparé. A la suite d'une tempête, une voie d'eau s'était déclarée dans sa cale — impossible de l'aveugler — et il coulait, il coulait avec une persistance inquiétante. Nous avons sauvé l'équipage d'abord, puis tout ce que nous avons pu de sa cargaison, et enfin nous avons remis le cap sur Cherbourg. Mais là, nouveau désappointement! Voilà qu'au lieu d'entrer en rade, notre commandant fait jeter l'ancre en vue de Fort-Royal, et de là envoie demander au ministre de la marine des instructions au sujet des naufragés recueillis à son bord. Défense d'aller à terre et de communiquer avec elle. Je me rongeais les poings, tu dois le comprendre : savoir qu'on est attendu, compter les jours, les heures, les minutes... voir le port à cinq cents mètres, et être obligé de rester là, en panne, à attendre. Enfin, l'ordre arrive d'appareiller et d'aller déposer l'équipage anglais et son restant de cargaison à l'île de Wight. En route pour l'île de Wight! Et voilà comme, à l'encontre du proverbe, notre belle action n'a pas été pour moi une récompense.

YVONNE.

Je vois bien qu'il n'y a pas de votre faute et j'en étais sûre. Mais, c'est égal, j'en suis bien contente, car Mlle Marguerite est joliment fâchée contre vous !

HENRI.

Ah ! ma cousine est fâchée...

YVONNE.

Dame... écoutez donc... d'autant plus que c'est aujourd'hui sa fête.

HENRI.

Eh ! je le sais bien ! Mais si tu crois que j'ai eu le temps... j'étais si impatient d'arriver !

YVONNE.

Pour rassurer votre tante et votre cousine, j'avais eu une idée, moi.

HENRI.

Ah ! voyons ton idée.

YVONNE.

Comme vous êtes un enfant du pays, je leur avais dit que vous aviez, peut-être, l'intention de les surprendre en vous faisant précéder du baz-valans, avec le genêt des fiançailles ?

HENRI, riant.

Ah ! ah ! ah ! Je te reconnais bien là ! Le genêt porte bonheur, n'est-ce pas ?

YVONNE, vexée.

Dame..., tout le monde le sait ! Vous n'avez pas besoin de rire.

HENRI.

Eh bien, soit ! J'adopte ton idée.

YVONNE, joyeuse.

Vrai !

HENRI.

Le genêt sera mon bouquet de fête. Voyons, quels sont les baz-valans dans le pays ?

YVONNE.

Il y a d'abord Jollivard, le tailleur.

HENRI.

Naturellement.

YVONNE.

Et puis Gildas, le vieux mendiant. Mais un mendiant, ça manque de considération.

HENRI, riant.

Oh ! je crois bien. Va pour Jollivard, alors, je vais aller lui donner mes instructions. Pendant ce temps-là, et pour éviter toute émotion, tu prépareras ma tante et ma cousine à mon arrivée.

YVONNE.

Je veux bien, mais ce n'est pas facile. Qu'est-ce qu'il faut leur dire ?

HENRI.

Tu leur diras... (Cherchant.) Oui... au fait... qu'est-ce que tu leur diras ? Ah ! j'y suis : Jeannie, un matelot de mon équipage, est justement de Quimperlé. Eh bien, tu leur diras que la mère de Jeannie a reçu des nouvelles de son fils ; que notre frégate est entrée à Cherbourg, et qu'elles peuvent s'attendre à me voir paraître d'un moment à l'autre.

YVONNE.

Ah ! ça, c'est bien imaginé, et je veux bien leur dire ça.

HENRI, riant.

Merci ! Moi, je cours chez Jollivard. A bientôt. (Il sort par le fond.)

SCÈNE III.

YVONNE, puis MARGUERITE.

YVONNE, qui a remonté.

Comme il court ! Mais il était temps, car j'entends mademoiselle.

MARGUERITE, entrant par la gauche.

Comment ? Tu es encore là, Yvonne ?

YVONNE.

Je vous attendais, mademoiselle. Eh bien, avez-vous quelque nouvelle?

MARGUERITE.

Aucune.

YVONNE.

Alors, moi qui n'ai pas bougé d'ici, je suis plus avancée que vous.

MARGUERITE, vivement.

Que veux-tu dire? Tu as donc vu quelqu'un en notre absence?

YVONNE.

J'ai vu la mère de Jeannic..., vous savez bien: Jeannie, un enfant de Quimperlé, qui est matelot à bord de la frégate de M. Henri.

MARGUERITE, vivement.

Oui, eh bien?

YVONNE.

Elle vient de recevoir une lettre de son fils qui lui annonce que *la Bellone* a jeté l'ancre en rade de Cherbourg, et qu'il espère obtenir bientôt un congé pour venir l'embrasser.

MARGUERITE, avec joie.

Mais alors, si *la Bellone* est entrée à Cherbourg, Henri va arriver.

YVONNE.

C'est ce que j'ai pensé aussi. Il paraît qu'ils ont été retardés par des naufragés, recueillis en mer, et qu'ils ont été forcés d'aller rapatrier... dans une île... dont je ne me rappelle plus le nom.

MARGUERITE, avec joie.

Tout s'explique alors, et voilà une excellente nouvelle ! (Appelant :) Maman, maman ! Venez, venez vite !

SCÈNE IV.

MARGUERITE, LA COMTESSE, YVONNE.

LA COMTESSE, entrant de gauche.

Eh, mon Dieu, qu'y a-t-il ? Que se passe-t-il ? Tu as donc appris quelque chose ?

MARGUERITE.

La Bellone est arrivée à Cherbourg.

LA COMTESSE.

Comment sais-tu cela ?

MARGUERITE, vivement.

Par la mère d'un matelot qui fait partie de l'équipage de Henri. Elle vient de recevoir des nouvelles de son fils. *La Bellone* a été forcée d'aller rapatrier des naufragés qu'elle avait recueillis en pleine mer.

LA COMTESSE, souriant.

Oui, tout cela doit être vrai, car te voilà rayonnante ! Et tu es rassurée, je pense, car Henri peut arriver d'un moment à l'autre.

MARGUERITE.

Je l'espère bien.

LA COMTESSE, riant.

A moins qu'il ne soit encore retenu par quelque nouvel incident ; qu'il n'ait été pris, en route, par la ronde des courriquets ? N'est-ce pas, Yvonne ?

YVONNE, *qui regarde au fond.*

Ah ! Seigneur Dieu ! Qu'est-ce que je vois ? Est-ce que j'aurais deviné juste, par hasard !

LA COMTESSE.

Qu'est-ce donc ?

YVONNE.

Regardez ! V'là Jollivard, le tailleur, qui vient ici avec le genêt, en mission de baz-valans.

LA COMTESSE.

Est-il possible ! Ce que tu disais tantôt...

YVONNE, *à Marguerite.*

Regardez, mademoiselle, et voyez comme Jollivard connaît bien son affaire : rasé de frais, endimanché, et point oublieux des vieilles coutumes : un bas rouge et un bas bleu ; un sabot et un soulier... Oh ! c'est un vrai baz-valans !

SCÈNE V.

LES MÊMES, JOLLIVARD *entrant par le fond, une branche de genêt à la main.*

JOLLIVARD, *avec une solennité comique.*

Salut à tous, et à chacun autre ! c'est moi, m'ame la comtesse, moi, Jean, Hugues, parfait Jollivard, de Quimperlé, bon Breton et tailleur — sauf votre respect — le serviteur bien humble de votre société. Donc, après avoir salué avec considération, je porte à votre connaissance que je me présente, ici, comme le messager de M. Henri de Maufrigneuse, qui m'a

dit : « Monte sur la colline, cueille une branche de genêt sur laquelle tu verras un oiseau chantant, et, portant cette branche, va trouver m'ame la comtesse, et dis-lui que je demande Mlle Marguerite pour femme. »
(Il salue profondément et remet le genêt à la comtesse qui le prend machinalement.)

LA COMTESSE.

C'est Henri, mon neveu, qui vous envoie... avec ce genêt ?

JOLLIVARD.

Oui, m'ame la comtesse.

LA COMTESSE.

Et lui, quand viendra-t-il ?

JOLLIVARD.

Quand son genêt aura été accepté.

MARGUERITE, gaiement.

Mais tout de suite, alors ?

YVONNE, qui est sortie, rentrant avec un pichet de cidre et trois verres qu'elle place sur le guéridon et qu'elle remplit.

Voilà ! Il ne reste plus qu'à trinquer pour chasser les mauvais esprits !

LA COMTESSE, qui a pris un verre, bas à Yvonne et avec une répugnance comique.

Est-ce qu'on est forcée de boire ?

YVONNE, bas.

Non, madame, mais il faut trinquer. (Elle remet un verre à Marguerite et un autre à Jollivard.)

LA COMTESSE, élevant son verre.

J'accepte M. Henri de Maufrigneuse pour époux de ma fille, et je bois à leurs heureuses fiançailles !

(Ils trinquent.)

SCÈNE VI.

LES MÊMES, HENRI qui vient d'arriver et s'est arrêté au fond.

HENRI.

Mon genêt est accepté, vivat !

LA COMTESSE ET MARGUERITE, ensemble.

Ah ! Henri ! c'est lui !

HENRI, les embrassant.

Ma bonne tante ! ma chère cousine ! Enfin, me voilà auprès de tous ceux que j'aime ! Ce n'est pas sans peine ! Aujourd'hui les fiançailles, ma chère tante, et dans un mois...

LA COMTESSE, lui tendant la main.

Le mariage.

(Musique. — Rideau.)

TROISIÈME PARTIE

L'HÉRITAGE DE JOCRISSE

PERSONNAGES

Mme LEDENTU.
EULALIE, sa fille.
ANNA, sa nièce.
ALICE, jeune orpheline.
JOCRISSE, jeune domestique [1].
UN NOTAIRE.

Aux environs de Versailles, vers 1840.

Un salon de maison de campagne; porte au fond, et portes latérales; à droite, et au fond, un bahut; à gauche, une grande armoire; au deuxième plan, à droite, une cheminée avec candélabres et flambeaux, mais la place de la pendule, au milieu, est vide; guéridon, fauteuils, chaises,

SCÈNE PREMIÈRE.

JOCRISSE, ALICE.

Au lever du rideau, Jocrisse, un plumeau sous le bras, est assis près du guéridon, à gauche, et regarde des gravures.

ALICE, assise, à droite, dans un fauteuil, et travaillant à un ouvrage de femme.

Jocrisse, on a sonné.

[1] Si la personne qui jouera le rôle de Jocrisse, veut prendre le costume traditionnel, voici quel est ce costume: Une perruque rousse avec une grande queue relevée par derrière et se terminant par une petite bouffette rouge; veste et gilet jaunes, culotte rouge, bas blancs et souliers à boucles.

JOCRISSE.

J'entends bien, mam'zelle, mais je ne peux pas ouvrir... je regarde des images.

ALICE.

Tu veux donc que j'aille ouvrir moi-même ?

JOCRISSE.

Non, mais on peut bien attendre un peu; je suis dans le palais de la *Belle au bois dormant;* je vais en sortir, dans un instant.

ALICE.

Tiens, on sonne encore.

JOCRISSE, se levant.

Quelle bête d'invention que les sonnettes ! (Il sort par le fond et revient un instant après.)

ALICE, seule.

C'est un brave garçon : bien fidèle, bien dévoué, et doué d'un excellent cœur, mais il fallait la patience et l'indulgence de ce pauvre M. Duval pour garder un serviteur aussi... naïf et — disons-le — aussi bête que celui-là !

JOCRISSE, rentrant, un papier à la main.

C'était le petit clerc du notaire.

ALICE.

Pourquoi ne l'as-tu pas fait entrer ?

JOCRISSE.

Oh ! pas de danger, mam'zelle ; si vous l'aviez vu... il est maigre, maigre, et pâle, pâle...

ALICE.

Eh bien ?

JOCRISSE.

Mais vous ne savez donc pas la recommandation que défunt mon maître, ce bon M. Duval, m'avait faite de son vivant? « Jocrisse, qu'il m'avait dit, tu ne laisseras pas entrer chez moi des gens de mauvaise mine. »

ALICE, riant, et se levant.

Oh! c'est trop fort!

JOCRISSE.

Je lui ai dit de se soigner, et j'ai pris le papier qu'il apportait.

ALICE, le prenant.

Voyons? (Après avoir lu bas.) Ah! le notaire viendra, aujourd'hui, pour lever les scellés qui ont été apposés au premier étage.

JOCRISSE.

C'est vrai, on en a mis là-haut, et pas ici.

ALICE.

C'est qu'ici il n'y avait aucune valeur. Il sera facile de voir que nous n'avons rien détourné. (Regardant.) Mais à propos, je ne vois pas la pendule! Où est donc la pendule?

JOCRISSE, avec commisération.

Est-il possible d'avoir aussi peu de tête! Voyons, mam'zelle Alice, qu'est-ce que vous m'avez dit hier?

ALICE, cherchant.

Hier?

JOCRISSE.

Vous m'avez dit : Jocrisse, il faudra remonter la pendule.

ALICE.

Oui, je me souviens.

JOCRISSE.

Eh bien, je l'ai remontée au grenier. Elle y est encore.

ALICE.

Oh!... mon pauvre Jocrisse, si tu n'avais pas un si bon caractère...

JOCRISSE, avec complaisance.

Le fait est que j'ai un bon caractère. Pour un homme, s'entend, car il y a des animaux qui ont un bien meilleur caractère encore. Les chiens, par exemple, ils sont toujours contents quand on leur fait des *niches*.

ALICE.

En attendant, tu me feras le plaisir d'aller chercher la pendule au grenier, et de la descendre doucement, bien doucement, pour la remettre à la place qu'elle occupait.

JOCRISSE.

Bien, mam'zelle, j'y vais à l'instant.

ALICE.

Moi, je me rends au jardin. Tu me préviendras dès que le notaire arrivera.

JOCRISSE.

Oui, mam'zelle, soyez tranquille.

(Alice sort par la droite.)

SCÈNE II.

JOCRISSE seul, puis Mme LEDENTU, EULALIE et ANNA.

JOCRISSE, seul.

Eh bien, là, franchement, ce n'était pas la peine de me dire, hier, de la remonter, pour me dire, aujourd'hui, de la redescendre. Oh ! les femmes ! les femmes! Tiens, on sonne encore. (Il va au fond, disparaît un moment, et on l'entend dire à la cantonade :) Oui, mesdames, c'est ici. Donnez-vous la peine d'entrer. (Entrent Mme Ledentu, Eulalie et Anna.)

MADAME LEDENTU, regardant autour d'elle.

Voici le salon du rez-de-chaussée ?

JOCRISSE.

Oui, madame, le salon du rez-de-chaussée et du premier, attendu qu'il n'y en a pas d'autre.

MADAME LEDENTU.

C'est vous, mon ami, qui étiez au service de M. Duval pendant sa dernière maladie.

JOCRISSE.

Oui, madame.

MADAME LEDENTU.

C'était mon cousin, issu de germain. Eulalie, ma fille, était sa petite cousine.

EULALIE.

Sa nièce à la mode de Bretagne.

MADAME LEDENTU, *montrant Anna.*

Oui, et Anna, ma nièce, que voici, est parente au même degré, par sa mère.

JOCRISSE.

Vous êtes des collatérales, quoi !

MADAME LEDENTU.

Précisément. Nous avons appris avec plaisir que vous aviez bien soigné votre maître.

JOCRISSE.

Oh ! je vous en réponds ! seulement ça ne réussissait pas toujours. Ainsi, comme notre maison est voisine de l'église, le bruit des cloches incommodait beaucoup M. Duval. Qu'est-ce que j'ai fait alors ? J'ai fait mettre de la paille dans la rue. Eh bien, ça n'a pas réussi.

EULALIE, *riant.*

Ah ! ah ! ah ! de la paille dans la rue...

ANNA, *riant.*

Pour amortir le bruit des cloches !...

JOCRISSE, *protestant.*

Dame, ça se fait habituellement.

MADAME LEDENTU.

Quoi qu'il en soit, il paraît que c'est nous qui héritons, puisqu'on n'a pas trouvé de testament.

JOCRISSE.

Hélas, non !

MADAME LEDENTU, *riant.*

Hélas, non ? Vous espériez donc que votre maître vous laisserait quelque chose ?

JOCRISSE.

Oh! pas à moi, pas à moi. Mon Dieu! je ne le méritais guère! Mais à mam'zelle Alice... en voilà une aussi qui l'a soigné!

MADAME LEDENTU.

Vous voulez parler de cette jeune orpheline, qu'il avait recueillie? Il est étonnant, en effet, qu'il n'ait pas laissé un testament en sa faveur, car il paraissait l'aimer beaucoup.

JOCRISSE.

Oh! pour ça... oui, il l'aimait beaucoup, et elle le mérite bien.

MADAME LEDENTU.

Je n'en doute pas.

EULALIE.

Est-ce que Mlle Alice est encore ici?

JOCRISSE.

Certainement. Elle et moi, nous ne devons partir qu'après la levée des scellés.

ANNA.

Je ne la connais pas...

EULALIE.

Ni moi.

ANNA.

Et je voudrais bien la voir. Est-ce possible, ma tante?

MADAME LEDENTU.

Oui, ma nièce, nous devons la voir et même la remercier. Elle mérite toutes nos sympathies. (A Jocrisse.) Mon ami, voulez-vous demander à Mlle Alice si elle peut nous recevoir?

JOCRISSE.

Elle est, en ce moment, dans le jardin. Je vais aller la prévenir.

MADAME LEDENTU.

C'est cela. Allez!

(Jocrisse sort par le fond.)

SCÈNE III.

Mme LEDENTU, EULALIE, ANNA.

EULALIE, qui s'est assise dans un fauteuil.

On est très bien dans ce fauteuil-là.

ANNA.

Oh! le mobilier est un peu vieux, et bien passé de mode.

MADAME LEDENTU, regardant.

Il est encore excellent. Le bois n'est pas piqué par les vers, et l'étoffe n'est pas usée du tout. Je suis sûre que ça se vendra très bien à l'Hôtel des ventes.

ANNA.

On vendra donc la maison et le mobilier?

MADAME LEDENTU.

Dame..., à moins que ton père et ta mère ne veuillent les reprendre pour eux.

EULALIE.

Qu'est-ce qu'il y a dans cette grande armoire? (Elle l'ouvre.) Ah! des vêtements et du linge. (Elle la referme.)

ANNA, ouvrant le bahut.

Et dans ce bahut? Des cristaux, des porcelaines, des livres.

MADAME LEDENTU.

Êtes-vous assez curieuses! Ce que vous faites là n'est pas convenable, et si l'on vous voyait...

EULALIE.

Est-ce que ces meubles ne doivent pas nous appartenir?

MADAME LEDENTU.

C'est probable. Mais ils ne nous appartiennent pas encore.

SCÈNE IV.

LES MÊMES, ALICE, entrant par la droite.

ALICE.

Vous m'avez fait demander, madame? (Saluant.) Mesdemoiselles...

(Saluts réciproques.)

MADAME LEDENTU.

Nous avons été prévenues, ce matin, que la levée des scellés devait avoir lieu, aujourd'hui, à deux heures, en présence de la famille, et nous avons cru que nous ne pouvions nous dispenser de nous rendre à cette invitation.

ALICE.

Vous avez bien fait, madame.

MADAME LEDENTU.

Et comme nous venons d'apprendre que vous n'aviez pas quitté cette maison, nous avons voulu vous dire toute la part que nous prenions au chagrin que vous avez dû éprouver en perdant votre vieil ami, votre bienfaiteur.

ALICE.

C'est une séparation cruelle, en effet, et je vous remercie de l'intérêt que vous voulez bien me témoigner.

MADAME LEDENTU.

Ce que nous ne pouvons comprendre, c'est que, en raison de l'affection qu'il avait pour vous, notre cousin n'ait pas fait, au moins, un legs en votre faveur! On n'a toujours pas trouvé de testament?

ALICE.

Aucun, madame.

MADAME LEDENTU.

C'est bien étrange. Je sais que ce pauvre M. Duval passait pour un original, qu'il ne faisait rien comme tout le monde, mais cette négligence est inexplicable! Depuis combien de temps étiez-vous auprès de lui?

ALICE.

Depuis douze ans.

MADAME LEDENTU.

C'est cela. La loi exige quinze ans pour justifier une adoption, et le pauvre cher homme pensait vivre encore assez longtemps pour vous adopter. Il est mort trois ans trop tôt! En tout cas, ma chère demoiselle, vous pouvez compter sur nous, et si nous pouvons, ma sœur et moi, vous être utiles...

ALICE.

Je vous remercie beaucoup, madame, mais une digne amie de M. Duval — notre voisine — a bien voulu déjà s'employer pour moi, et elle m'a fait agréer comme demoiselle de compagnie dans une honorable famille où je dois entrer quand je quitterai cette maison.

MADAME LEDENTU.

A la bonne heure. Maintenant, je n'ai pas besoin d'ajouter que vous pouvez emporter d'ici tel souvenir qui vous sera agréable. Nous approuvons d'avance tout ce que vous ferez.

ALICE.

Vous êtes mille fois bonne, madame, et vous allez au-devant de mes désirs.

JOCRISSE, venant du fond.

Le notaire vient d'arriver... avec le petit maigre et pâle de ce matin, qui portait son portefeuille. — Il est monté au premier par la terrasse.

MADAME LEDENTU.

Nous allons le rejoindre. Venez-vous, mademoiselle ?

ALICE.

Je ne fais pas partie de la famille, madame, et je ne crois pas que ma présence soit utile.

MADAME LEDENTU.

Oh ! quelle idée !

ALICE.

J'irai vous retrouver dans un instant, mais, en tout cas, je ne vous laisserai pas partir sans vous faire mes adieux.

MADAME LEDENTU.

C'est cela. Venez, mesdemoiselles. (A Eulalie et à Anna, en sortant.) Elle est vraiment fort bien, cette jeune fille.

EULALIE.

Fort bien!

ANNA.

Fort bien!

(Elles sortent par la gauche.)

SCÈNE V.

ALICE, JOCRISSE.

ALICE.

Mon pauvre Jocrisse, le moment approche où il va falloir nous séparer. Il faut aller préparer tes effets.

JOCRISSE.

Oh! mon paquet ne sera pas long à faire, car je n'emporte pas grand'chose. Mes vêtements et le cadeau de mon maître, voilà tout.

ALICE.

Un cadeau? M. Duval t'a fait un cadeau?

JOCRISSE, avec ironie.

Et un joli encore! Sa vieille robe de chambre, vous savez, qu'il mettait pour se lever, quand il restait, une heure ou deux, assis dans son fauteuil.

ALICE.

C'est cela qu'il t'a donné?

JOCRISSE.

Oui. « Mon bon Jocrisse, qu'il m'a dit, tu auras soin que personne ne touche à ma houppelande, c'est à toi que je la donne, à toi seul, et tu t'empresseras de la lacérer dès que je ne serai plus. »

ALICE.

La lacérer? Je ne comprends pas.

JOCRISSE.

Je ne comprenais pas non plus, mais comme le pauvre cher homme était déjà bien malade, je me suis dit : Il bégaye... c'est la maladie... il veut dire : Tu t'empresseras de la serrer.

ALICE.

Qu'en as-tu fait alors?

JOCRISSE.

Je l'ai pliée avec soin et je l'ai serrée là, dans la grande armoire. La lacérer, qu'est-ce que cela voudrait dire?

ALICE.

Lacérer veut dire : déchirer, déchiqueter en petits morceaux.

JOCRISSE.

Ah! ça veut dire ça? Mais alors, si c'était pour la déchirer qu'il me la donnait, ce n'était pas la peine de me la donner?

ALICE.

C'est ce qu'il me semble aussi. Et puis, tu as peut-être mal entendu ou mal compris... ce qui t'arrive assez souvent.

JOCRISSE.

On ne fait pas un cadeau à quelqu'un pour qu'il le détruise? Ça ne s'est jamais vu.

ALICE.

En effet.

JOCRISSE.

S'il avait voulu la déchirer, il l'aurait déchirée lui-même ; tandis qu'il y tenait beaucoup, au contraire, et qu'il faisait réparer le moindre accroc, vous le savez bien ?

ALICE.

Oui, sans doute. Enfin, prépare tes effets, et tiens-toi prêt à partir. Moi, je vais rejoindre cette dame, comme je le lui ai promis. A tout à l'heure. (Elle sort par la gauche.)

SCÈNE VI.

JOCRISSE, seul.

A tout à l'heure, mam'zelle. Oh ! non, il ne sera pas long à faire mon paquet. Mais n'oublions pas mon héritage. (Il va à l'armoire, qu'il ouvre, et en tire une vieille robe de chambre.) C'est ça qui ne va pas être commode à emporter. Et pour ce que ça vaut... Si je la mettais sur moi? C'est une idée. (Il l'endosse.) Tiens, je me fais l'effet de mon maître! (Il se promène en se regardant). Mais je ne peux pas me montrer dehors comme ça... tous les gamins vont me courir après. Satané cadeau ! va ! Et quand je pense que cette pauvre mam'zelle Alice n'a rien du tout, elle ! Et qu'elle va être obligée de quitter cette maison où depuis douze ans... j'enrage ! Oh ! oui, j'enrage ! Eh bien, je n'en veux pas de son cadeau ! Et puisque lacérer veut dire déchirer, je remplirai ses intentions, et plutôt que de l'emporter je la mettrai en pièces, sa vieille nippe, en mille pièces ! (Avec colère, et déchirant la houppelande du haut en bas, en mettant la main dans la poche intérieure, du côté gauche :) Tiens ! tiens ! voilà le cas que j'en fais de ton cadeau ! (Une grande lettre cachetée de noir tombe de la doublure, s'arrêtant étonné.) Hein ? qu'est-ce que c'est que ça? L'écriture de M. Duval. (Il lit.) « Ceci est mon testament ». Un testament ! son écriture ! Mais alors... je comprends. Et ce testament que nous avons cherché partout... le voici ! Il ne bégayait pas... il ne bégayait pas du tout ! Quelle chance ! quel bonheur ! quelle joie ! (Courant à la porte de gauche et appelant.) Mam'zelle Alice ? mam'zelle Alice ? madame le notaire ? monsieur le collatéral ? Venez vite ? Descendez vite ? Venez tous !

SCÈNE VII.

JOCRISSE, ALICE, MADAME LE DENTU, LE NOTAIRE, EULALIE et ANNA.

ALICE, entrant vivement.

Eh ! mon Dieu ! qu'y a-t-il donc ?

MADAME LEDENTU.

Que se passe-t-il ? Est-ce que le feu est à la maison ?

JOCRISSE, dansant et agitant le testament au-dessus de sa tête.

Le voilà ! le voilà ! Je l'ai trouvé !

ALICE.

Qu'as-tu trouvé ?

JOCRISSE.

Le testament.

TOUS.

Un testament !

JOCRISSE.

Il était dans la doublure de sa robe de chambre ! C'est bien son écriture. Tenez, m'sieu le notaire. (Il le remet au notaire.)

LE NOTAIRE.

C'est l'écriture de M. Duval, en effet.

TOUS.

Lisez ? lisez ?

LE NOTAIRE, lisant.

« Sain d'esprit si non de corps, et au moment de « paraître devant Dieu, j'institue, pour ma légataire « universelle, Mlle Alice Caroline Durand, à la seule « condition de servir une pension viagère de 600 francs « à mon bon Jocrisse qui m'a toujours fidèlement « servi. »

« *Signé :* Jean-Pierre DUVAL. »

JOCRISSE, avec joie.

Oh ! le bon maître, l'excellent maître ! Je vais donc pouvoir travailler sans rien faire !

LE NOTAIRE.

C'est un testament olographe. Il est très en règle.

ALICE, à Madame Ledentu.

Je suis confuse, en vérité, madame, de ce bonheur qui m'arrive, et...

MADAME LEDENTU, l'interrompant.

Ne vous excusez pas, ma chère enfant. Cette petite fortune vous revenait de droit et notre cousin a fait ce qu'il devait faire. Tout est bien qui finit bien.

(Musique. — Rideau.)

L'AUBERGE DU CHEVAL BLANC

CHARADE EN TROIS PARTIES

PREMIÈRE PARTIE

LE MARQUIS DE CARABAS

DEUXIÈME PARTIE

LA PARADE

TROISIÈME PARTIE

L'AUBERGE DU CHEVAL BLANC

PREMIÈRE PARTIE

LE MARQUIS DE CARABAS

PERSONNAGES

LE ROI.
LA REINE.
LA PRINCESSE, leur fille.
JEAN, sous le nom du MARQUIS DE CARABAS.
PIERRE } frères de JEAN.
MACLOU }
ROMINAGROBIS, animal-domestique de JEAN.

Une salle de palais, au moyen âge; porte principale au fond; portes latérales; ameublement gothique.

SCÈNE PREMIÈRE.

JEAN, seul.

Au lever du rideau, Jean, richement habillé, est endormi sur un grand fauteuil, à droite. Il parle et se retourne en rêvant.

Pierre ? Maclou ? Où êtes-vous donc ? (Appelant.) Rominagrobis ? Romina... (Il s'éveille, se frotte les yeux, se détire, puis reste stupéfait après avoir regardé autour de lui.) Ah ! mon Dieu ! Qu'est-ce que je vois là ? Où suis-je ? Je rêve donc encore ?... (Il se lève et fait quelques pas.) Mais non, je suis bien éveillé ! Comment, je me suis endormi, hier soir, dans le moulin de mes frères, et je me réveille dans un palais ! Qui m'y a conduit, ou plutôt transporté ? Je n'ai conscience de rien ! (Il passe machinalement la main sur son bras droit et reste interdit.) Ah ! mon Dieu ! Qu'est-ce que c'est que ça encore ? On dirait du velours ou du satin... (Il se regarde.) Mais je suis habillé comme un grand seigneur, comme un prince ? Qu'est-ce que cela signifie ? Le bien, dit-on, vient en dormant. Alors, ce doit être cela : pendant mon sommeil quelque bonne fée m'aura touché de sa baguette. C'est égal, je voudrais bien avoir l'explication de tout ce qui m'arrive...

SCÈNE II.

JEAN, ROMINAGROBIS[1], entrant par le fond, et saluant très cérémonieusement.

ROMINAGROBIS.

Salut à M. le marquis de Carabas.

JEAN.

Ah ! te voilà, Rominagrobis !

ROMINAGROBIS, saluant derechef.

Monsieur le marquis de Carabas a-t-il passé une bonne nuit ?

JEAN, regardant autour de lui.

A qui parles-tu donc ?

ROMINAGROBIS.

A vous, mon maître.

[1] Rominagrobis doit avoir un costume de chat, avec de grandes bottes de chasse.

JEAN.

A moi ? Mais je m'appelle Jean et...

ROMINAGROBIS, l'interrompant.

Chut !

JEAN, continuant.

Et je suis le fils d'un meunier qui...

ROMINAGROBIS, continuant.

Chut ! Vous ne vous nommez plus Jean ; vous n'êtes plus le fils d'un meunier ; vous êtes M. le marquis de Carabas.

JEAN.

Depuis quand ?

ROMINAGROBIS.

Depuis hier.

JEAN.

Et qui m'a donné ce titre ?

ROMINAGROBIS.

Moi. De plus, vous êtes, ici, chez vous, dans votre palais.

JEAN.

Qui m'a donné ce palais ?

ROMINAGROBIS.

Moi.

JEAN, se montrant.

Et ce magnifique costume ?

ROMINAGROBIS.

Moi, encore moi, toujours moi.

JEAN, vivement et agité.

Mais c'est impossible !

ROMINAGROBIS.

Impossible ?

JEAN.

Mais, animal que tu es, tu veux donc me rendre fou !

ROMINAGROBIS.

Ce n'est pas mon intention, et si vous vouliez bien m'écouter...

JEAN, vivement.

Sans doute, parle ? Explique-toi ? Je ne demande que cela.

ROMINAGROBIS.

Volontiers. Mais comme l'explication sera longue, j'engagerai monsieur le marquis à s'asseoir, et je lui demanderai la permission d'en faire autant.

JEAN.

Soit ! (Ils s'asseyent.)

ROMINAGROBIS.

Il y avait une fois un meunier qui, en mourant, ne laissa pour tous biens, à trois enfants qu'il avait, que son moulin, son âne et son chat. Les partages furent bientôt faits ; ni le notaire, ni le procureur n'y furent appelés. Il ne serait rien resté du patrimoine ! Pierre, l'aîné, eut le moulin ; le second, qui se nommait Maclou, eut l'âne, et Jean, le plus jeune, n'eut que le chat.

JEAN.

Mais je sais tout cela, mon cher ami.

ROMINAGROBIS.

Attendez donc. Le plus jeune ne pouvait se consoler d'avoir un si pauvre lot : « Mes frères, disait-il, pourront gagner leur vie honnêtement, en se mettant ensemble. Pour moi, lorsque j'aurai mangé mon chat et que je me serai fait un manchon de sa peau, il faudra que je meure de faim. » Le chat, qui entendait ce discours, bien qu'il n'en fît pas semblant, lui répondit d'un air posé et sérieux : « Ne vous affligez point, mon maître, vous n'avez qu'à me donner un sac, et me faire faire une paire de bottes pour aller dans les broussailles, et vous verrez que vous n'êtes pas si mal partagé que vous croyez. »

JEAN.

Mais je me souviens fort bien de tout cela, et quoique je ne fisse pas grand fond là-dessus, je t'avais vu faire tant de tours de souplesse, que je consentis à te donner ce que tu me demandais.

ROMINAGROBIS.

Il y a de cela à peine deux mois, et vous en voyez aujourd'hui le résultat. Vous voilà grand seigneur, propriétaire d'un palais superbe, et ce n'est que le commencement de votre fortune.

JEAN.

C'est ici que je renonce à comprendre.

ROMINAGROBIS.

Alors, laissez-moi tout dire. Aussitôt en possession des objets que je vous avais demandés, j'allai m'étendre, en faisant le mort, dans une garenne où il y avait un grand nombre de lapins. J'avais eu le soin de mettre du son et des lacerons à l'orifice de mon sac. A peine étais-je installé que j'eus le contentement de prendre un jeune étourdi de lapin que je tuai sans miséricorde. Je m'acheminai alors vers le palais, et demandai à parler au roi. On me fit monter à l'appartement de Sa Majesté, où étant entré, je tirai une grande révérence en disant : « Voilà, Sire, un lapin de garenne que M. le marquis de Carabas, mon maître, m'a chargé de vous présenter de sa part. — Justement, répondit le roi, mes moyens ne me permettaient pas d'acheter un lapin de garenne ; dis à ton maître que je le remercie et qu'il me fait plaisir. » Or, depuis deux mois, je n'ai pas manqué de porter à Sa Majesté tous les produits de ma chasse : lièvres, lapins ou perdrix. Si bien que, ces jours derniers, le roi a témoigné le désir de vous connaître. C'est là que je l'attendais. Mais vous ne pouviez recevoir la visite du roi dans le moulin de vos frères.

JEAN, riant.

Non, en effet, et je vois que tu penses à tout.

ROMINAGROBIS.

Depuis quelque temps, j'avais remarqué un magnifique château dont le propriétaire était un ogre, le plus riche qu'on ait jamais vu ! Or, hier, ayant justement un beau lièvre dans mon sac, j'allai trouver cet ogre, en lui disant que je n'avais pas voulu passer si près de son château sans lui faire la révérence et lui offrir le produit de ma chasse. L'ogre me reçut aussi civilement que le peut un ogre, il me fit reposer et m'invita même à me rafraîchir. « On m'a assuré, lui dis-je pendant notre conversation, que vous aviez le don de vous changer en toutes sortes d'animaux ; que vous pouviez, par exemple, vous transformer en lion, en éléphant ? — Cela est vrai, répondit l'ogre brusquement, et, pour vous le montrer, vous m'allez voir devenir lion. »

JEAN.

Tu as dû être bien effrayé, mon pauvre chat ?

ROMINAGROBIS.

Ne m'en parlez pas ; je m'empressai de gagner les gouttières, et non sans peine, car mes bottes me gênaient beaucoup. Je ne redescendis qu'après avoir vu l'ogre reprendre sa première forme et je lui avouai que j'avais eu bien peur. « On m'a assuré encore, lui dis-je, mais je ne le saurais croire, que vous aviez aussi la faculté de prendre la forme des plus petits animaux, par exemple de vous changer en oiseau ou en souris ? Je vous avoue que je tiens cela pour tout à fait impossible. — Impossible ? reprit-il, vous allez voir. » Et, en même temps, il se changea en une souris qui se mit à courir sur le plancher. Vous comprenez que je ne l'eus pas plutôt aperçue que je me jetai dessus et la croquai. Plus d'ogre ! Et comme il n'avait pas d'héritiers, c'est à vous que reviennent tous ses biens.

JEAN, déclamant.

« Ah ! doit-on hériter de ceux qu'on assassine ? »

ROMINAGROBIS.

Des ogres ? Toujours ! Encore un mot et je termine, car vos frères ne vont pas tarder à arriver.

JEAN.

Mes frères ?

ROMINAGROBIS.

Oui, ils peuvent servir nos projets, et leur concours nous est nécessaire. Tenez, je les entends, les voici.

SCÈNE III.

LES PRÉCÉDENTS, PIERRE, MACLOU, vêtus en paysans.

MACLOU, regardant le palais.

Mais regarde donc, Pierre, que c'est beau ici.

PIERRE.

Oh! oui, que c'est beau! Et en voilà-t-il des dorures! Il y en a quasiment autant que sur la châsse de m'sieu le curé.

JEAN, allant à eux en leur tendant la main.

Bonjour, Pierre ; bonjour, Maclou.

PIERRE, saluant.

Monseigneur...

MACLOU, saluant.

Nous avons bien l'honneur...

JEAN.

Monseigneur ? Vous ne me reconnaissez donc pas ?

PIERRE, reculant de surprise.

Est-il Dieu possible ! Est-ce que j'ai la berlue... mais c'est Jean !

MACLOU.

Si c'est pas lui, il y ressemble joliment tout de même.

JEAN.

Eh ! oui, c'est Jean, votre petit frère, qui vous attendait.

PIERRE.

Pour lors, c'est donc bien vrai ce que nous a dit Rominagrobis que tu allais devenir riche ?

JEAN.

Il paraît.

MACLOU.

Et que si nous voulions t'aider, tu assurerais aussi notre sort ?

JEAN.

Soyez sûrs que si je réussis, je ne vous oublierai pas.

PIERRE.

Du moment qu'il s'agit de ta fortune...

MACLOU

Et que nous en aurons not'part...

PIERRE.

Oui. Nous sommes prêts à faire tout ce que tu voudras.

MACLOU, *retroussant ses manches.*

Par où faut-il commencer ?

JEAN, *riant.*

Demandez à Rominagrobis.

ROMINAGROBIS, *qui écoutait au fond, redescendant.*

Il faut commencer par m'écouter, et quand vous m'aurez entendu, et bien compris, il faudra m'obéir.

PIERRE.

C'est facile. Parle !

ROMINAGROBIS.

Apprenez d'abord que, d'un moment à l'autre, le roi, la reine et la princesse, leur fille, vont venir visiter ce château.

PIERRE, *abasourdi.*

Le roi !

MACLOU, abasourdi.

La reine !

ROMINAGROBIS.

Et la princesse, leur fille. Mes informations sont exactes, et je connais l'itinéraire de ces augustes personnages. A telles enseignes que, dès le point du jour, j'ai parcouru le chemin que doit suivre leur carrosse, et ayant rencontré des paysans qui fauchaient un pré, je leur ai dit : « Bonnes gens qui fauchez, si vous ne dites au roi que ce pré appartient à M. le marquis de Carabas, vous serez tous hachés menu comme chair à pâté. » Plus loin, j'ai répété la même chose à d'autres paysans qui moissonnaient, si bien que le roi va être émerveillé des grands biens de M. le marquis de Carabas.

JEAN.

Mais, ne crains-tu pas, si l'on découvre ta ruse...

ROMINAGROBIS.

Je n'ai rien à craindre, car c'est la vérité.

JEAN.

Comment cela ?

ROMINAGROBIS.

Toutes les terres qui environnent ce château appartenaient à l'ancien propriétaire, et comme vous êtes son unique héritier, les terres vous appartiennent tout comme le château. Donc, aussitôt que le roi sera arrivé, avec sa femme et sa fille, vous leur ferez les honneurs de votre domaine et vous ne les laisserez pas partir sans leur offrir une collation.

JEAN.

Mais où veux-tu que je prenne...

ROMINAGROBIS.

Ne vous inquiétez de rien, tout est prêt. Votre prédécesseur devait, précisément, traiter aujourd'hui ses amis, et le menu sera digne de Sa Majesté. Le personnel, seul, nous fait défaut, car un aussi riche personnage que M. le marquis ne peut pas être servi par un seul domestique. C'est ici que vos frères peuvent vous être utiles... (S'interrompant pour écouter.) Écoutez ? c'est le bruit d'un carrosse qui passe sur le pont-levis... ce sont eux ! Alerte ! alerte ! (Ouvrant la porte de droite.) Pierre, Maclou ! entrez là, et attendez que je vienne vous y chercher. Vous aussi, Monsieur le marquis, et si le roi vous interroge sur les cadeaux que je lui ai faits en votre nom, n'oubliez pas ce dont nous sommes convenus.

JEAN, sortant par la droite.

Sois tranquille, je n'oublierai rien.

SCÈNE IV.

ROMINAGROBIS, LE ROI, LA REINE, LA PRINCESSE.

ROMINAGROBIS.

Maintenant, courons au-devant... Ah ! les voici.

LE ROI, entrant [1].

Cette demeure me paraît fort habitable.

LA REINE.

Il ne se peut rien de plus beau, en effet, que la cour

[1] Le roi doit porter un costume comique, dans le genre, très chargé, de celui des figures de carte : Charles, Alexandre, etc.

que nous avons traversée, et que les bâtiments qui l'environnent.

ROMINAGROBIS, saluant.

Votre Majesté soit la bienvenue dans ce château de M. le marquis de Carabas.

LE ROI.

Comment? ce château est encore au marquis de Carabas ?

ROMINAGROBIS.

Que je vais prévenir à l'instant, car il était loin de s'attendre à l'honneur que vous lui faites en daignant venir visiter sa propriété. (Il sort par la droite.)

SCÈNE V.

LE ROI, LA REINE, LA PRINCESSE.

LE ROI, à la reine.

Qu'en dites-vous, Clotilde ?

LA REINE.

Je dis que je suis très curieuse de connaître ce jeune marquis. Il est bien étonnant que nous n'en ayons pas entendu parler plus tôt.

LA PRINCESSE.

C'est que nous sommes venus très rarement dans cette contrée. On assurait qu'elle était habitée par un vieux seigneur très avare, très détesté, et qui, de plus, passait pour un ogre.

LE ROI.

Je me souviens, en effet, d'avoir ouï dire quelque chose comme cela.

LA REINE.

En tout cas, ce jeune seigneur est un parti superbe, et il faut qu'on le présente à la cour.

LE ROI.

C'est mon avis, mais à la condition, toutefois, que le plumage ressemble... à l'apanage.

LA REINE.

C'est une condition indispensable. Silence! on vient.

SCÈNE VI.

LES MÊMES, ROMINAGROBIS, JEAN.

ROMINAGROBIS, au fond, et annonçant.

M. le marquis de Carabas. (Il se tient au fond.)

JEAN, entrant et saluant très bas.

Sire... madame... princesse... (Saluts réciproques et cérémonieux. Au roi.) Veuillez m'excuser, si je n'étais pas là pour vous recevoir, mais j'étais si loin de m'attendre à l'honneur que vous daignez me faire...

LE ROI.

C'est bien simple, allez, et je dirai même que rien n'est plus simple. Nous nous promenions, en famille, quand nous avons aperçu les tourelles de ce manoir. Comme vous le savez, marquis, les femmes sont curieuses...

LA REINE.

Sire, ces détails...

LE ROI, l'interrompant.

Ces détails ne sont pas oiseux pour expliquer notre

présence, et je maintiens le mot : les femmes sont curieuses. (Au marquis.) Or donc, ces dames ont eu la curiosité d'entrer dans ce château et de savoir à qui il appartenait.

JEAN, saluant.

Voilà une curiosité dont je leur saurai gré toute ma vie.

LE ROI.

Pas mal, pas mal. Marquis, vous vous exprimez bien ; et moi, qui suis tout rond en affaires, je vous dirai que, de mon côté, je ne suis pas fâché d'être venu, quand ce ne serait que pour vous remercier de vos prévenances à mon égard. Depuis deux mois, par l'entremise de votre coureur, vous m'avez comblé de gibier...

JEAN.

N'est-ce pas un hommage tout naturel...

LE ROI.

Que j'ai d'autant plus goûté que nous aimons le gibier... pas trop faisandé, cependant.

JEAN.

Cet aveu m'encourage...

LE ROI.

A continuer ?

JEAN.

Sans doute. Mais, à solliciter, d'abord, une nouvelle faveur de Votre Majesté. Mon chef a confectionné, hier, un pâté de bécassines dont il attend merveilles... et si, avant de repartir, Votre Majesté daignait accepter une légère collation...

LE ROI.

Légère, légère... un pâté de bécassines... c'est égal, marquis, vous me prenez par mon faible... d'autant plus que la promenade m'a donné une pointe d'appétit. Qu'en dites-vous, Clotilde ?

LA REINE.

M. le marquis met à son invitation une si bonne grâce que nous lui ferions de la peine, je crois, en la refusant.

LE ROI.

Alors, va pour la collation !

JEAN, à Rominagrobis.

Qu'on serve ! (Rominagrobis salue et sort.)

LE ROI, à Jean.

Il me semble, marquis, qu'il n'y a pas très longtemps que vous possédez ce château, et les terres qui l'entourent ?

JEAN.

Non, Sire, c'est un héritage tout récent, et auquel je ne m'attendais guère. Je puis même avouer que je ne m'y attendais pas du tout.

LA PRINCESSE.

Alors, monsieur le marquis, la surprise a dû vous être d'autant plus agréable ?

JEAN.

Plus encore que je ne le saurais dire, princesse.

LE ROI, bas, à la reine.

Il est fort bien.

LA REINE, bas, au roi.

Tout à fait bien. Illustre famille ! cela se voit tout de suite.

SCÈNE VII.

LES MÊMES, ROMINAGROBIS, PIERRE ET MACLOU, revêtus d'une riche livrée, et apportant une table toute servie.

LE ROI.

Oh ! oh ! voilà un joli coup d'œil ! A table, alors. (Il offre la main à la reine et se place à côté d'elle, au milieu. Jean offre la main à la princesse, et tous deux se placent aux extrémités, vis-à-vis l'un de l'autre. Pierre, Maclou et Rominagrobis ont avancé des sièges et font le service.)

LE ROI.

Eh, bien, marquis, nous allons boire à votre héritage, car je suis aussi rond à table, moi, qu'en affaires, et les soucis de la royauté ne m'empêchent pas de trinquer. (Après avoir mangé.) Oh ! oh ! voilà un pâté délicieux... et vous pouvez vous vanter d'avoir un chef... je vous l'enlèverai, je vous en préviens.

JEAN.

Sire, tout ce qui est ici est à vous.

LE ROI.

C'est égal, mon gaillard, convenez avec moi que vous aviez un motif, une arrière-pensée pour m'envoyer du gibier comme vous l'avez fait ?

JEAN.

Je ne sais pas mentir, et j'avais une arrière-pensée, en effet, mais je ne sais si je dois vous la dire en présence de la princesse.

LE ROI.

Ma fille ? Bah ! qu'est-ce que cela fait, puisque sa mère et moi nous sommes là.

JEAN.

Eh bien, Sire, le hasard m'ayant permis de rencontrer la princesse, j'ai été émerveillé de sa grâce, de sa beauté... et pour me faire bien venir, tout d'abord, de son père et de sa mère...

LE ROI, riant.

Ah ! ah ! A la bonne heure ! Et votre franchise n'est pas pour me déplaire. Comme je vous l'ai dit, je suis tout rond en affaires, et si ma fille vous trouve à son gré, il ne tiendra qu'à vous, monsieur le marquis, que vous soyez mon gendre.

MACLOU, à part.

Son gendre ! Oh ! (Dans sa stupéfaction, il laisse tomber une assiette qu'il tenait et qui se brise.)

PIERRE, à part.

Son gendre ! Ah ! (Même jeu que Maclou.)

ROMINAGROBIS, à part.

Maladroits !

LE ROI.

Quel est ce bruit ?

ROMINAGROBIS.

Sire, c'est le commencement du feu d'artifice... en l'honneur du mariage !

(Musique. — Rideau.)

DEUXIÈME PARTIE

LA PARADE

PERSONNAGES

GALIMAFRÉ, saltimbanque.
Mme GALIMAFRÉ, sa femme.
MALAGA, danseuse de corde, leur fille.
BOBÊCHE, banquiste.
UN RECORS.

A Paris, sous la Restauration, au boulevard du Temple.

L'intérieur d'une tente de saltimbanque; porte d'entrée, au fond, masquée par un rideau de toile à matelas; porte au troisième plan, à gauche, cachée également par une toile; une banquette, un balancier, chaises de paille, tabouret.

SCÈNE PREMIÈRE.

GALIMAFRÉ[1], Mme GALIMAFRÉ, MALAGA.

Au lever du rideau, Malaga, en costume de danseuse de corde, est montée sur le banc qui est au milieu du théâtre et, son balancier à la main, répète le pas qu'elle doit danser sur la corde. Galimafré, à cheval sur un tabouret, à gauche, chante l'air de la gavotte, en frappant dans ses mains pour marquer la mesure. Mme Galimafré, assise à droite, sur une chaise, raccommode une robe.

GALIMAFRÉ.

Tra la la... la la la, la la, la la. Ce n'est pas mal. Un peu plus de souplesse, et la pointe du pied plus basse.

[1] Longue perruque rousse, et costume de paysan normand.

(Il achève l'air.) Là, maintenant, Malaga, ma fille, tu peux te reposer. (Malaga descend, et va poser son balancier contre le mur.)

MADAME GALIMAFRÉ.

Comme c'est aujourd'hui samedi, nous aurons peut-être un peu plus de monde qu'hier, à la représentation de ce soir?

MALAGA.

Oui, le samedi est jour de paye, et, quand les ouvriers ont de l'argent dans leurs poches, ils viennent le dépenser au boulevard du Temple.

GALIMAFRÉ, hochant la tête.

Oh! que ce soit samedi, dimanche ou lundi, maintenant, pour nous, les représentations se suivent, et se ressemblent, malheureusement! Nous n'avons plus la vogue. Depuis que Bobêche est venu installer, au boulevard du Temple, son *Académie des singes savants*, c'est à lui que va la foule. Ça ne peut pas durer longtemps comme ça, cependant, car nos recettes sont tombées presque à zéro.

MADAME GALIMAFRÉ.

Est-il possible!

GALIMAFRÉ, avec humeur.

Eh! tu le sais aussi bien que moi, puisque c'est toi qui tiens la caisse.

MALAGA.

Du courage, mon père. Il ne faut pas désespérer. Il suffit de si peu de chose pour ramener le public.

(On entend une sonnette au dehors.)

GALIMAFRÉ, avec amertume.

En attendant, voilà la sonnette de Bobêche qui annonce l'heure de son spectacle. Je parie qu'il y a déjà foule devant son estrade! Allons, femme, donne-nous la soupe. Nous commencerons, nous, dans une demi-heure, et nous aurons, peut-être, pour spectateurs, ceux qui n'auront pas trouvé de place à l'*Académie des singes savants*.

(Mme Galimafré sort par la gauche.)

SCÈNE II.

GALIMAFRÉ, MALAGA.

GALIMAFRÉ, avec force.

Oh! non! ça ne peut pas durer comme ça!

MALAGA, cherchant à le calmer.

Mon père...

GALIMAFRÉ, plus doucement.

Car, vois-tu, ma fille, je n'ai pas voulu tout dire devant ta mère, pour ne pas la tourmenter, mais je suis inquiet, très inquiet.

MALAGA.

Vous, mon père.

GALIMAFRÉ.

J'ai été obligé de faire un billet de cent vingt écus, il y a trois mois, et je ne l'ai pas payé. Si bien que, d'un moment à l'autre, on peut venir me prendre, et me conduire à la prison pour dettes, à Sainte-Pélagie.

MALAGA.

Ah! mon Dieu!

GALIMAFRÉ, à demi-voix.

Chut! Pas si haut. Rien n'est encore désespéré, cependant, car j'ai été voir mon créancier et il m'a promis d'attendre... il est vrai que voilà déjà pas mal de temps... qu'il attend. (Avec colère.) Oh ! ce gredin de Bobêche! Si je le tenais...

MALAGA.

Vous lui en voulez donc toujours? Cependant il n'est pas coupable de tout ce qui arrive là? Et c'est un peu votre faute.

GALIMAFRÉ, grommelant.

Ma faute... ma faute... Eh bien! oui... c'est possible.

MALAGA, continuant.

Il est venu vous demander ma main, en vous proposant une association. Pourquoi l'avez-vous repoussé? pourquoi lui avez-vous fermé votre porte?

GALIMAFRÉ, grommelant.

Pourquoi... pourquoi...? parce que je ne voulais pas partager ma réputation avec lui... parce que la gloire, c'est la vie de l'artiste!

MALAGA.

Son talent ne pouvait pas nuire au vôtre? Il l'aurait fait valoir, au contraire.

GALIMAFRÉ.

C'est possible. J'ai eu tort, mais il est trop tard maintenant.

MALAGA.

Pourquoi trop tard?

GALIMAFRÉ.

Parce qu'il faudrait convenir que j'ai été battu par

un pître; parce qu'il faudrait avouer ma défaite, et ce serait à mourir de honte! J'aime mieux aller en prison.

MALAGA, avec reproche.

Oh!... et nous?

GALIMAFRÉ, avec un soupir.

Vous? Ah! oui, c'est juste. Il y a vous!

SCÈNE III.

LES MÊMES, Mme GALIMAFRÉ, rentrant avec une soupière qu'elle place au milieu du banc, puis UN RECORS.

MADAME GALIMAFRÉ.

Voilà la soupe.

GALIMAFRÉ.

Alors, mangeons. Il faut prendre des forces pour travailler. (Il se met à cheval sur le banc, vis-à-vis de la soupière, et remplit une assiette que sa femme a placée devant lui. Malaga, assise sur le banc, face au public, remplit son assiette également. Mme Galimafré s'installe sur un tabouret, derrière le banc, et mange dans une assiette posée sur ses genoux. Au moment où ils commencent à manger en silence, un recors soulève la toile du fond et entre.)

LE RECORS.

Pardon, M. Galimafré, s'il vous plaît?

GALIMAFRÉ.

C'est moi, monsieur, qu'y a-t-il pour votre service?

LE RECORS.

Monsieur, je suis garde du commerce...

GALIMAFRÉ, saisi et se levant vivement.

Hein!

MADAME GALIMAFRÉ, à part.

Ah! mon Dieu! (Elle se lève, et pendant ce qui suit emporte la soupière et les assiettes.)

LE RECORS, tirant un billet de son portefeuille.

Il s'agit d'un petit billet de trois cent soixante francs pour lequel, après protêt, on a obtenu prise de corps contre vous. Je suis en règle, et, si vous ne pouvez payer, il faut vous disposer à me suivre à Sainte-Pélagie.

GALIMAFRÉ.

Un moment, monsieur, un moment! Avant d'en venir à cette extrémité, n'y aurait-il pas moyen de s'arranger à l'amiable?

MALAGA, à part.

Si je m'adressais à M. Bobêche? Ce serait peut-être le meilleur moyen. (Elle jette une mante sur son costume, et sort vivement par la gauche.)

SCÈNE IV.

LE RECORS, GALIMAFRÉ, Mme GALIMAFRÉ.

GALIMAFRÉ, au recors.

Si, par exemple, vous vouliez repasser dans deux heures, après ma représentation, je pourrais vous donner un acompte sur la recette?

MADAME GALIMAFRÉ.

On vous donnerait, même, toute la recette.

LE RECORS.

Impossible! Mon temps est compté; il faut me payer ou me suivre à l'instant.

GALIMAFRÉ, avec colère.

Eh bien! non, je ne vous suivrai pas!

LE RECORS.

Prenez garde! Si vous refusez, si vous résistez, je vais appeler main-forte. Mes hommes sont là, à leur poste, et ils sauront bien vaincre votre résistance.

MADAME GALIMAFRÉ, à part.

Mon pauvre mari, en prison!

LE RECORS.

Croyez-moi, dans votre intérêt, ne vous révoltez pas davantage, et ne m'obligez pas à employer la force.

GALIMAFRÉ.

Mais je ne demande que deux heures, deux petites heures seulement.

LE RECORS.

Impossible, je vous le répète. Une fois, deux fois, trois fois, monsieur Galimafré, je vous somme de me suivre!

GALIMAFRÉ, baissant la tête.

Allons!

SCÈNE V.

LES MÊMES, BOBÈCHE, enveloppé dans un grand manteau, avec un faux nez et une fausse barbe, puis MALAGA rentrant par la gauche, en cachette, et le chapeau de Bobèche à la main.

BOBÈCHE, entrant par le fond.

Arrêtez! Je viens payer.

TOUS.

Payer!

BOBÊCHE, *présentant un sac au recors.*

Voilà trois cent soixante francs en bonne monnaie d'or et d'argent. Comptez. (*Le recors compte.*)

GALIMAFRÉ.

Je ne reviens pas de ma surprise! (*A Bobêche.*) Qui êtes-vous donc?

BOBÊCHE.

Qu'importe, si je vous sauve.

LE RECORS.

Le compte y est.

BOBÊCHE.

Alors, gardez l'argent et rendez le billet. (*Le recors lui remet le billet.*) Maintenant, aimable garde du commerce, au plaisir de ne plus vous revoir.

(*Le recors salue, et sort par le fond.*)

MADAME GALIMAFRÉ, *à part.*

Bon débarras!

BOBÊCHE.

Père Galimafré, vous pouvez remonter sur votre estrade, vous êtes libre, et vous ne devez plus rien! (*Il déchire le billet et en jette les morceaux à terre.*)

GALIMAFRÉ, *ému.*

Quel trait! quel beau trait! O généreux inconnu, qu'exiges-tu, en échange du service que tu viens de me rendre? Parle? Tout ce que je possède est à toi.

BOBÊCHE.

Père Galimafré, je ne veux rien, je ne demande rien, je n'exige rien.

GALIMAFRÉ.

Je suis prêt à t'accorder tout ce que tu me demandes. Mais, ô le plus magnanime des hommes, dis-moi, au moins, à qui je suis redevable d'un service pareil? Dépouille ton incognito, noble inconnu, dépouille-le, je t'en supplie ?

BOBÊCHE, fausse sortie.

Inutile. Vous êtes libre, je m'en vais.

GALIMAFRÉ, le retenant.

Arrête !

BOBÊCHE.

Laissez-moi partir, je suis attendu.

GALIMAFRÉ.

Ton nom, au moins, dis-moi ton nom ?

BOBÊCHE, même jeu.

Je n'en ai pas. Au revoir, portez-vous bien.

GALIMAFRÉ, le retenant.

Non, tu ne t'en iras pas ainsi...

(En se débattant, Bobèche laisse son manteau dans les mains de Galimafré, et son faux nez tombe.)

GALIMAFRÉ, le reconnaissant et reculant avec stupeur.

Que vois-je? Bobêche !

BOBÊCHE[1].

Eh bien ! oui, c'est moi, Bobêche, votre concurrent, votre ennemi, mais Bobêche, un cœur d'artiste, qui ne pouvait laisser mettre en prison l'illustre Galimafré, le roi de la parade !

GALIMAFRÉ, émotion comique.

Ma femme? ma fille? avez-vous entendu? Il a dit

[1] Costume de Bobêche : veste rouge, culotte jaune, bas bleus, souliers à boucles et perruque rousse.

le roi de la parade? Ah! Bobêche, ce que tu viens de faire là... je n'y résiste plus! Bobêche, regarde ma fille, je ne te dis que ça.

BOBÊCHE.

Sufficit! j'ai compris.

GALIMAFRÉ.

Ta main?

(Ils se serrent la main.)

MALAGA, embrassant Galimafré.

Merci, mon père.

MADAME GALIMAFRÉ.

A la bonne heure, c'est par là qu'on aurait dû commencer.

BOBÊCHE.

Père Galimafré, j'en suis pour ce que j'ai dit: associons nos deux réputations et marchons du même pas à la postérité. Que, désormais, nos noms soient inséparables, et qu'on ne puisse pas dire: Bobêche sans Galimafré...

GALIMAFRÉ.

Et Galimafré sans Bobêche. Tope là, et vivent Bobêche et Galimafré!

BOBÊCHE.

Voici l'heure de ta représentation. Faisons vite une répétition et nous paraîtrons ensemble devant ton public.

GALIMAFRÉ.

En avant! (Il monte sur le banc.)

BOBÊCHE, à Malaga.

Malaga, mon chapeau[1].

(Malaga va prendre sur une chaise, au fond, le chapeau de Bobèche qu'elle a apporté, en cachette, quand elle est rentrée à la scène V, et le lui donne.)

BOBÊCHE, à Malaga.

Merci. (Il met son tricorne et monte sur le banc, à côté de Galimafré.)

TOUS DEUX, criant, ensemble, comme pour attirer la foule.

Ah ! ah ! ah ! ah ! ah ! ah ! ah !

GALIMAFRÉ, jouant.

Bobêche ?

BOBÊCHE, de même.

Chandelle ?

GALIMAFRÉ.

Comment, drôle, que veut dire cette réponse ? Me manques-tu de respect ?

BOBÊCHE.

Dame..., vous me parlez bobêches, je vous réponds chandelles.

GALIMAFRÉ.

C'est juste. (Appelant.) Paillasse ?

BOBÊCHE.

Matelas ?

GALIMAFRÉ.

Encore ! Tu es donc incorrigible ! Mais, ne me disais-tu pas que tu venais de voyager ?

BOBÊCHE.

Oui, maître. Je viens même de passer l'hydropique du concert.

[1] Ce chapeau est un tricorne, en feutre gris, surmonté, par devant, d'un papillon qui se balance au bout d'un fil d'archal.

GALIMAFRÉ, au public.

Le butor ! Il veut dire le tropique du Cancer ?

BOBÈCHE.

C'est possible : Le tropique du Cancer. Mais, en mer, nous avons été assaillis par un ours.

GALIMAFRÉ.

Je ne t'entends point. Comment, par un ours ? En pleine mer ?

BOBÈCHE.

Oui, monsieur. Un ours avec des gants.

GALIMAFRÉ.

L'imbécile ! Il veut dire un ouragan. Et comment avez-vous échappé à cette tempête ?

BOBÈCHE.

Moi, monsieur, j'ai été avalé, comme Jonas, par une baleine que les savants appellent un *ça suffit*.

GALIMAFRÉ.

Comment : ça suffit ? Je ne comprends point, Paillasse ; que veux-tu faire entendre par là ? Ah !... tu veux dire un cétacé.

BOBÈCHE.

Ça suffit, c'est assez, est-ce que ce n'est pas la même chose ?

GALIMAFRÉ, lui donnant un coup de pied.

Taisez-vous, imbécile, et donnez-moi ma badine. Mesdames et messieurs, bonnes d'enfants et soldats, c'est assez nous amuser aux bagatelles de la porte... (Il descend du banc, Bobèche aussi.)

MALAGA ET MADAME GALIMAFRÉ, applaudissant.

Bravo ! bravo ! Ça ira parfaitement bien.

GALIMAFRÉ.

Vrai ! alors, Malaga, ma fille, va vite donner le signal de la représentation.

(Malaga sort par le fond, et on entend, au dehors, la cloche ou la sonnette qui appelle le public.)

MADAME GALIMAFRÉ.

Mais, avec tout cela, mon pauvre homme, tu n'as pas soupé, et Malaga non plus.

BOBÊCHE.

Quoi, vraiment...

GALIMAFRÉ, à Bobêche.

Eh oui..., ce recors, avec son maudit billet... il nous a coupé l'appétit... Mais, bast ! grâce à toi, nous souperons plus gaiement... après la représentation.

MALAGA, soulevant la toile du fond, et entrant vivement.

Tout le monde accourt... oh ! quelle foule ! venez, venez vite ? nous sommes sauvés !

BOBÊCHE.

Allons ! en avant, Bobêche et Galimafré.

(Tous deux disparaissent par le fond. Ils sont censément montés sur une estrade, et on ne les voit plus, la toile à matelas étant retombée sur eux, mais on les entend commencer la parade devant le public. Malaga et Mme Galimafré écoutent en scène.)

LA VOIX DE GALIMAFRÉ.

Bobêche ?

LA VOIX DE BOBÊCHE.

Chandelle ?

(Musique. — Rideau.)

TROISIÈME PARTIE

L'AUBERGE DU CHEVAL BLANC

PERSONNAGES

RAOUL D'IGNEUSE.
MAURICE D'ORVAL.
RIGOULOT, aubergiste.
MAGDELEINE, sa femme.
CÉLINE, sa fille.
PAYSANS ET PAYSANNES.

Aux environs de Paris.

Une salle d'auberge; porte d'entrée, au fond; portes latérales; un bahut; tables et chaises; sur une table, au premier plan, à droite, une écritoire, des plumes et du papier.

SCÈNE PREMIÈRE.

MAGDELEINE, CÉLINE.

Céline est assise à la table de droite, et écrit sous la dictée de sa mère, qui est debout près de la table.

MAGDELEINE, dictant.

Un pain de six livres : vingt et un sous.

CÉLINE, écrivant.

Un franc, zéro cinq. Après ?

MAGDELEINE, écrivant.

Quarante-cinq sous de côtelettes.

CÉLINE, écrivant.

Deux francs vingt-cinq.

MAGDELEINE, dictant.

Deux choux-fleurs : douze sous.

CÉLINE, écrivant.

Soixante centimes. Ensuite ?

MAGDELEINE, dictant.

Un marolles : six sous.

CÉLINE, écrivant.

Trente centimes.

MAGDELEINE, dictant.

Deux quarterons de poires : huit sous.

CÉLINE, écrivant.

Quarante centimes.

MAGDELEINE, cherchant.

Je crois que c'est tout.

CÉLINE, après avoir additionné.

Ça fait quatre francs douze sous, maman.

MAGDELEINE.

Non. J'ai dépensé cinq francs quatre sous. Ah ! j'oubliais... une demi-livre de beurre : douze sous. Ça fait-il le compte, cette fois ?

CÉLINE.

Juste. Cinq francs vingt centimes. C'est bien votre compte. (Elle se lève et remet la note à Magdeleine.)

MAGDELEINE.

Non, garde-la. Tu la remettras à ton père pour qu'il la copie sur son livre, suivant son habitude.

RIGOULOT, au dehors, appelant.

Magdeleine... Magdeleine.

MAGDELEINE.

Tiens, le voilà ton père... qui m'appelle. Qu'est-ce qu'il me veut encore ?

SCÈNE II.

LES MÊMES, RIGOULOT.

RIGOULOT, entrant de gauche.

Eh ! Magdeleine ? (Les apercevant.) Ah ! vous étiez là.

CÉLINE.

Oui, mon père, nous écrivions la dépense de ce matin. (Elle lui remet la note.)

RIGOULOT, la prenant.

Bon ! Donne. (A sa femme). Madame Rigoulot, c'est M. Léon, le fils du notaire. Il vient d'arriver avec son porte-carnier, et demande à déjeuner.

MAGDELEINE.

On y va. (Fausse sortie.)

RIGOULOT.

Ah ! à propos... vous savez la nouvelle ?

MAGDELEINE, revenant.

Quelle nouvelle ?

RIGOULOT.

C'est vrai, au fait, vous ne pouvez pas la savoir, puisque c'est M. Léon qui vient de me l'apprendre. Eh bien, il paraît qu'on a volé, cette nuit, au château de Villeneuve... à deux pas d'ici.

MAGDELEINE.

Pas possible !

RIGOULOT.

Le garde croit se rappeler qu'au petit jour il a vu deux hommes qui couraient du côté de la grande route...

CÉLINE.

Et les a-t-on arrêtés ?

RIGOULOT.

Pas encore, mais on est sur leurs traces. Si je vous dis cela, c'est pour que l'on redouble de précautions et qu'on n'oublie pas de fermer les volets, comme cela arrive quelquefois. Je ne suis pas poltron, mais je suis prudent... et on ne saurait prendre trop de précautions.

CÉLINE.

Soyez tranquille, mon père.

MAGDELEINE.

On fermera les volets, je t'en réponds !

(Magdeleine et Céline sortent par la gauche).

SCÈNE III.

RIGOULOT seul, puis RAOUL et MAURICE.

RIGOULOT.

C'est vrai, dans cette auberge qui est isolée, sur la route de Senlis à Verberie, on est très exposé. Et quand on voit tous les jours ce qui arrive, on ne sait pas ce qui peut arriver. Hein ? Quelqu'un ?

RAOUL, entrant vivement par le fond le collet, de son habit relevé et son chapeau rabattu sur les yeux.

Eh ! arrive donc ! Nous pouvons nous réfugier ici pendant quelques instants.

MAURICE, entrant en secouant son chapeau.

Il le faut bien. Mais, c'est égal, je commence à me repentir de t'avoir suivi.

RIGOULOT, saluant.

Que faut-il servir à ces messieurs ? Un déjeuner pour deux ?

RAOUL.

Non.

RIGOULOT.

Une chambre ? Nous en avons une superbe, au premier, avec deux lits.

RAOUL.

Eh ! non, servez-nous deux grogs, là, sur cette table. Avec de l'eau chaude, très chaude...

MAURICE.

Trop chaude.

RIGOULOT.

C'est tout ce que ces messieurs désirent ?

MAURICE.

Oui, pour le moment. Allez !

RIGOULOT.

Il suffit. (A part, en sortant.) Ces deux gaillards-là m'ont l'air suspect... en tout cas, ils ne payent pas de mine. (Il sort.)

SCÈNE IV.

MAURICE, RAOUL.

MAURICE.

J'étais sûr que nous finirions par nous égarer.

RAOUL.

Maintenant que nous sommes sur la bonne voie, il nous suffira d'une heure pour gagner la station la plus voisine.

MAURICE.

Par une pluie battante... comme c'est agréable !

RAOUL.

Eh bien ! nous attendrons que la pluie ait cessé.

MAURICE.

Et si elle ne cesse pas ?

RAOUL, riant.

Si elle ne cesse pas, elle manquera à tous les égards qu'elle nous doit ! Ah ! mon cher Maurice, que tu as peu de philosophie ! Pour être heureux dans la vie, vois-tu, il faut prendre le temps comme il vient, les hommes comme ils sont, et les femmes... comme elles veulent être.

MAURICE.

En attendant, nous voilà condamnés à passer notre journée dans une salle d'auberge... et quelle auberge !

RAOUL.

On trouve toujours à s'occuper quand on le veut bien. Tiens, voici justement une écritoire, du papier et des plumes. Assieds-toi là, et travaillons à notre roman.

MAURICE, *s'asseyant à la table.*

Je veux bien. Mais avant d'écrire il faut composer et savoir où nous allons ?

RAOUL.

C'est juste. Où en étions-nous restés ?

MAURICE, *assis.*

Nous avons terminé le chapitre douze qui finissait ainsi : « Après la mort de M. Durand, l'oncle de Sabine, son tuteur naturel, Robert n'avait plus qu'un homme à redouter, le subrogé tuteur, et c'était cet homme qu'il fallait faire disparaître. »

RAOUL, *riant.*

La suite au prochain numéro.

SCÈNE V.

LES PRÉCÉDENTS, RIGOULOT, *qui porte un plateau, paraît à la porte de gauche, et s'arrête en entendant la phrase qui suit.*

MAURICE.

Maintenant que nous avons tué l'oncle Durand, il s'agit de faire disparaître le subrogé tuteur.

RIGOULOT, *s'arrêtant inquiet, au fond.*

Hein ? Ils ont tué l'oncle Durand !

RAOUL.

Sans doute. Il n'y a pas à hésiter.

MAURICE.

Il me semble que nous tuons beaucoup de personnages? Et on nous le reprochera.

RIGOULOT, à part.

Les misérables! Je crois bien qu'on le leur reprochera.

RAOUL.

En tout cas, il faut faire mourir le subrogé tuteur autrement que ce brave Durand.

MAURICE.

Il faudrait faire croire à un suicide, pour le subrogé tuteur.

RAOUL.

C'est cela. L'étrangler dans son lit...

RIGOULOT, s'oubliant, haut.

Ah! mon Dieu!

RAOUL, se retournant.

Hein? qu'y a-t-il?

RIGOULOT, troublé et tremblant.

Rien! c'est-à-dire... c'est... c'est moi...j'a...apporte ce que vous... avez demandé.

RAOUL.

Les grogs? Ah! bon! Mettez-les là, sur cette table. (Rigoulot pose le plateau sur une table, en tremblant.) Mais qu'avez-vous donc? vous paraissez tout ému, tout troublé?

RIGOULOT, vivement.

Moi... non, non! Au contraire. Et... c'est... c'est tout ce qu'il vous faut, pour... pour l'instant?

RAOUL.

Tout, merci. (A Maurice.) As-tu pris des notes?

MAURICE, lui remettant un feuillet.

Voilà.

(Raoul lit bas.)

RIGOULOT, à part, en s'en allant.

Ce sont les malfaiteurs qui ont volé au château. Magdeleine va courir à Villeneuve, Céline à la mairie... et quant à moi je reviens, et ne les perds pas de vue !

SCÈNE VI.

RAOUL, MAURICE, puis RIGOULOT.

RAOUL, remettant le feuillet sur la table.

C'est cela. Maintenant, cette auberge où nous sommes, isolée, sur une grande route, me donne l'idée d'une substitution.

MAURICE.

Quelle substitution ?

RAOUL.

Elle est compliquée, mais ingénieuse, du moins je le crois.

MAURICE.

Explique ton idée ?

RAOUL.

Supposons que le subrogé tuteur de Sabine soit obligé de faire un voyage et de s'arrêter, pour y passer la nuit, dans une auberge comme celle-ci.

MAURICE.

Soit. Après ?

RAOUL.

Robert et ses complices viennent s'installer, dès la veille, dans cette auberge... ils se substituent au personnel de la maison... le meurtre commis, ils disparaissent, et c'est l'aubergiste et ses proches qui sont accusés de ce crime.

MAURICE.

Je comprends, mais c'est bien compliqué en effet. Que Robert et ses complices disparaissent après l'assassinat, c'est facile ; mais comment pourront-ils se débarrasser de l'aubergiste et de sa famille pour se substituer à eux, et pour devenir les maîtres de la maison où doit descendre leur victime ?

RAOUL.

C'est difficile, j'en conviens, mais ce n'est pas impossible. Supposons, par exemple, que la maison soit composée, comme celle-ci, du père, de la mère et de la fille?

MAURICE.

Bon. (Il écrit.)

RIGOULOT, entr'ouvrant doucement la porte de gauche et passant la tête pour écouter.

Elles sont parties. Maintenant, écoutons.

RAOUL.

Il faut commencer par l'aubergiste.

RIGOULOT, à part.

Ah! ah! ils parlent de moi.

MAURICE.

Encore un crime?

RAOUL.

Non, inutile. Un soporifique seulement.

RIGOULOT, *à part.*

Un sopori...quoi?

RAOUL.

On arrive, on se fait servir des rafraîchissements et on invite l'aubergiste à en prendre sa part. Les aubergistes ne refusent jamais de trinquer avec leurs clients. On glisse un narcotique dans son verre... et quand il est pris d'un sommeil profond, léthargique, on le transporte à un endroit désigné d'avance.

RIGOULOT, *à part.*

Qu'ils comptent là-dessus! Plus souvent que je boirai avec eux!

RAOUL.

Quant à la mère, qui doit avoir de la famille dans les environs, une fausse lettre l'appelle auprès d'une sœur, d'une tante gravement malade. Elle part... et le tour est fait!

MAURICE.

Mais la fille?

RAOUL.

La fille? On l'enlève!

RIGOULOT, *à part.*

Enlever ma fille! Oh! les scélérats!

RAOUL.

Une fois maître de la maison, Robert prend la place et le costume de l'aubergiste...

RIGOULOT, *à part.*

Robert? qui ça, Robert? Un de leurs complices, sans doute.

RAOUL.

Tu vois que cela devient tout naturel, tout simple.

RIGOULOT, indigné.

Tout simple! Oh! les brigands!

RAOUL, qui a entendu, se retournant.

Hein? qui est là? Ah! c'est vous, monsieur l'hôte.

RIGOULOT, troublé.

Non, ce n'est pas moi... c'est... ma femme.

RAOUL.

Comment?

RIGOULOT.

Je veux dire : c'est ma femme que je cherche. On la demande... et... je regardais si elle n'était pas ici.

RAOUL.

Non, nous ne l'avons pas vue. Mais, décidément, vous avez quelque chose... cet air effaré... qu'y a-t-il? que se passe-t-il?

RIGOULOT.

Mais... rien! absolument rien.

RAOUL.

Voyons, venez prendre un grog avec nous... ça vous remettra.

RIGOULOT, effrayé.

Oh! non! par exemple!

RAOUL.

Eh bien! un petit verre, seulement, ça ne se refuse pas.

RIGOULOT, effrayé.

Non, non... je... je ne prends jamais rien... entre mes repas.

RAOUL.

Sérieusement? Sans façons?

(Bruit au dehors.)

RIGOULOT, à part.

Ah ! enfin ! Voilà les voisins, les amis. Courons les rejoindre.. Et quant à eux... leur compte sera bon. (Il se sauve.)

RAOUL, riant.

Ah çà ! que lui prend-il ? Il se sauve comme s'il avait peur de nous.

MAURICE, se levant.

Voici les notes que j'ai prises. Nous rédigerons tout cela à Paris, car la pluie a cessé et je crois que nous pouvons partir.

RAOUL, s'approchant du plateau et se versant à boire.

Alors, le coup de l'étrier, et en route !

SCÈNE VII.

LES PRÉCÉDENTS, RIGOULOT, MAGDELEINE, PAYSANS ET PAYSANNES, armés de fourches, de bâtons et faisant irruption par la porte du fond ; RIGOULOT brandit un sabre de pompier, et MAGDELEINE une lardoire.

RIGOULOT.

Halte-là ! toute résistance est inutile. Rendez-vous?

RAOUL ET MAURICE, étonnés.

Que signifie cela?

RIGOULOT.

Cela signifie que vous êtes découverts. Nous savons maintenant à qui nous avons affaire. Vous êtes les deux malfaiteurs qui avez volé au château de Villeneuve.

MAURICE ET RAOUL.

Nous?

RIGOULOT.

Et de plus, moi, je connais vos indignes projets! Après avoir assassiné cet infortuné Durand, vous voulez encore faire disparaître le subrogé tuteur!

RAOUL, *comprenant.*

Ah! bah! Vous nous écoutiez donc?

RIGOULOT.

Il n'y a pas d'ah! bah! Rendez-vous!

RAOUL, *vivement.*

Nous nous rendons, nous nous rendons. Et nous sommes prêts à vous suivre chez le maire, chez le juge de paix, chez le garde champêtre... enfin, où vous voudrez.

MAURICE.

Avec ces papiers à l'appui. Ce sont les notes d'un roman que nous composons, et qui seront notre justification.

RIGOULOT, *étonné.*

Un roman? Pas possible!

SCÈNE VIII.

LES PRÉCÉDENTS, CÉLINE, *accourant essoufflée.*

CÉLINE.

C'est moi. J'ai joliment couru... et je n'en peux plus.

RIGOULOT, *vivement.*

Parle! Eh bien?

CÉLINE.

Eh bien! j'ai été à la mairie de Villeneuve... les deux voleurs du château ont été arrêtés par les gendarmes.

RIGOULOT.

Arrêtés?

CÉLINE.

Et on les a conduits à la prison de Compiègne.

MAURICE.

Là! vous voyez bien que ce n'est pas nous.

RAOUL.

Nous sommes flattés, certainement, que vous nous ayez pris pour des voleurs de grande route, mais nous préférons rester ce que nous sommes : de modestes romanciers. Du reste, nous sommes chasseurs aussi, et, à défaut de passeports, voici nos permis de chasse, avec signalements à l'appui. Lisez et comparez.

(Ils lui remettent chacun un port d'armes.)

RIGOULOT, lisant.

« Raoul d'Igneuse... profession : homme de lettres... Maurice d'Orval... etc., etc. » Eh bien! vous savez, j'aime mieux cela, moi.

MAURICE.

Et nous aussi.

RIGOULOT.

Vous êtes libres! A une condition, cependant, c'est que vous nous ferez lire votre roman?

RAOUL.

Accordé. Et pour commencer, nous allons boire à son succès.

(Ils entourent la table et trinquent gaiement.)

Musique. — Rideau.

MOTS DES CHARADES

MARIONNETTE.

I. Barbe-Bleue (*mari*); — II. La Pie voleuse (*honnête*); III. Geneviève de Brabant (*marionnette*).

LA FÊTE DE COLOMBINE.

I. Les Moutons de Panurge (*pan*); — II. L'Enfance d'Achille (*talon*); — III. La Fête de Colombine (*pantalon*).

L'ADROITE PRINCESSE.

I. La Mère Michel (*chat*); — II. L'Adroite Princesse (*sœurs*); III. L'Ours et les Deux Compagnons (*chasseurs*).

LA DOUBLE MÉPRISE.

I. La Fugitive (*or*); — II. Les Fées (*ange*); — III. La Double Méprise (*orange*).

L'HÉRITAGE DE JOCRISSE.

I. Le Prince Riquet (*houppe*); — II. La Fleur de genêt (*lande*); III. L'Héritage de Jocrisse (*houppelande*).

L'AUBERGE DU CHEVAL BLANC.

I. Le Marquis de Carabas (*chat*); — II. La Parade (*pitre*); III. L'Auberge du Cheval blanc (*chapitre*).

TABLE DES MATIÈRES

PARIS. — TYPOGRAPHIE A. HENNUYER, RUE DARCET, 7.

www.ingramcontent.com/pod-product-compliance
Ingram Content Group UK Ltd.
Pitfield, Milton Keynes, MK11 3LW, UK
UKHW020544180726
13838UKWH00001B/18

9 782329 383651